»Dem Genie Offenbachs gelingt selbst die Verzauberung der dem Verständnis erreichbaren, mit den Sinnen greifbaren aktuellsten Gegenwart seiner Lebzeit. Darum ist ›Pariser Leben‹ sein stärkster Geniebeweis... Es ist der Gipfel eines Genres, worin sich das Unnatürliche so von selbst versteht wie daß im Versdrama Leben und Sterben im Hochschritt des Sprachgedenkens geschehen. Enthielte dieses Werk nichts als den musikalischen Champagnertaumel des Domestikenfestes, so wäre es noch immer ein Schatz der heiteren Bühne. Aber es enthält unter all den Perlen die Briefarie der Metella, jenes unbeschreiblich süße Gedicht... als einen der stärksten Augenblicke, die das Bühnendasein überhaupt kennt, und alles rundherum, was da aus den Abenteuern der Herren Gardefeu und Gondremark gediehen ist, die als solche unsereinen sonst blutwenig angingen, reklamiere ich als ›Theater der Dichtung‹ im besten, edelsten Sinne.« (Karl Kraus in »Offenbach-Renaissance«)

Unsere Ausgabe bringt »La Vie Parisienne« in einer neuen Übersetzung, die erstmals auf den originalen, ungekürzten Text zurückgeht, mit den Illustrationen einer zeitgenössischen Ausgabe. Ergänzt wird der Band durch Dokumente zur Zeit- und Entstehungsgeschichte sowie durch ein Nachwort zur Wirkungsgeschichte des Werks.

insel taschenbuch 543
Offenbach
Pariser Leben

Jacques Offenbach
Pariser Leben

STÜCK IN FÜNF AKTEN VON
HENRI MEILHAC UND LUDOVIC HALÉVY
ÜBERSETZT UND HERAUSGEGEBEN
VON JOSEF HEINZELMANN
MIT ILLUSTRATIONEN VON DRANER,
HADOL UND BERTALL
INSEL VERLAG

insel taschenbuch 543
Erste Auflage 1982
© Insel Verlag Frankfurt am Main 1982
Alle Rechte vorbehalten
Vertrieb durch den Suhrkamp Taschenbuch Verlag
Umschlag nach Entwürfen von Willy Fleckhaus
Typographie: Gerd Lenz
Satz: Fotosatz Gutfreund, Darmstadt
Druck: Nomos Verlagsgesellschaft, Baden-Baden
Printed in Germany

PARISER LEBEN

›La Vie Parisienne‹

DIE PERSONEN

und die Darsteller der Uraufführung

DER BARON VON GONDREMARCK	Hyacinthe
EIN BRASILIANER	
FRICK	Brasseur
PROSPER	
BOBINET	Gil Pérès
RAOUL DE GARDEFEU	Priston
URBAIN	Lassouche
JOSEPH, ein Fremdenführer	
GONTRAN	Martal
ALPHONSE, Bedienter bei Gardefeu	
DIE BARONIN CHRISTINE VON GONDREMARCK	C. Montaland
DIE WITWE DE QUIMPER-KARADEC	Thierret
PAULINE	Paurelle
METELLA	Honorine
GABRIELLE	Zulma Bouffar
MADAME DE FOLLE-VERDURE	Massin
LEONIE	Bédard
LOUISE	Breton
CLARA	Henry

Paris, in unseren Tagen

1. Akt, Gare de l'Ouest – 2. Akt, bei Raoul de Gardefeu – 3. Akt, im Hôtel de Quimper-Karadec – 4. Akt, bei Raoul de Gardefeu – 5. Akt, in einem Restaurant.

ERSTER AKT

Die Gare de l'Ouest auf dem linken Seine-Ufer

I. SZENE

STATIONS-BEAMTE,
KONDUKTEURE UND GEPÄCKTRÄGER

NR. 1 CHOR

Wir sind das Personal für die Ligne de l'Ouest,
In Richtung Saint-Malo, Batignoles und nach Brest,
Conflans, Triel, Poissy,
Barentin, Pavilly,
Vernon, Bolbec, Nointot,
Motteville, Yvetot,
Saint-Aubin, Viroflay,
Landernau, Malaunay,

Laval, Condé, Guingamp,
Saint-Brieuc und Fécamp.
Wir sind das Personal für die Ligne de l'Ouest,
In Richtung Saint-Malo, Batignolles und nach Brest.

(Nach Beendigung des Chors ertönt die Bahnglocke. Träger und Kondukteure gehen nach verschiedenen Seiten ab, ein Beamter bleibt auf der Bühne
zurück. Gardefeu und Bobinet treten mitten durch das Gedränge der
Abgehenden auf.)

II. SZENE

GARDEFEU. BOBINET. DER BEAMTE
(Gardefeu und Bobinet gehen einige Augenblicke lang auf und ab, sich dabei
gegenseitig beobachtend, dann gehen sie beide zu dem Beamten.)

BOBINET
Verzeihen Sie, – wann kommt der Zug aus Rambouillet?

BEAMTER
In fünf Minuten, Monsieur.

BOBINET (für sich)
Wenn nur Metella den Zug nicht versäumt hat!

BEAMTER (wendet sich an Gardefeu)
Womit kann ich Ihnen dienen, Monsieur?

GARDEFEU
Oh, – mit nichts. Vielmehr: ich wollte Sie eben genau das
fragen, was der Herr gefragt hat. (Beiseite) Metella kommt
also in fünf Minuten an. (Der Bahnbeamte geht ab)

III. SZENE

BOBINET. GARDEFEU

(Die beiden beobachten weiter einander; sie gehen im Bahnhof auf und ab
und erzählen im Promenieren die folgende Geschichte. Sie tun das, ohne
sich zu begegnen; wenn aber beim Hin und Her zufällig einer dem anderen
vis-à-vis steht, schauen sie sich verwirrt an.)

BOBINET (für sich)

Das ist Raoul de Gardefeu. Ich grüße ihn nicht mehr.
Schließlich hat er mir einen bösen Streich gespielt.

GARDEFEU (für sich)

Das ist der kleine Bobinet. Er grüßt mich nicht mehr.
Schließlich passierte zwischen uns ein kleines Abenteuer...

BOBINET

Ich stand mich besser als gut mit Blanche Taupier. Ganz Paris weiß, daß ich mich mit Blanche Taupier besser als gut stand.

GARDEFEU

Blanche Taupier hat mich geliebt, wie nur sie zu lieben versteht... Ganz Paris weiß, daß Blanche Taupier mich geliebt hat.

BOBINET

Eines schönen Morgens – Blanche Taupier wohnte damals mit mir auf dem Lande in Ville d'Avray – eines schönen Morgens sagt Blanche zu mir: »Mein kleiner Bob, wie wär's, wenn wir heute deinen Freund Gardefeu zum Diner einladen?«

GARDEFEU

Blanche war in Ville d'Avray; sie schreibt mir: »Kommen Sie morgen um ein Uhr, dann wird er nicht dasein; aber schärfen Sie beim Weggehn Ihrem Diener ein, Sie kämen bald zurück und man solle auf Sie warten.«

BOBINET

Ich antworte: »Schön, laden wir Gardefeu ein.« Sie sagt mir: »Dann hole ihn in Paris ab, um ein Uhr ist er immer zu Hause... Aber komm mir nicht ohne ihn!« Ich fahre also los.

GARDEFEU

Ich komme nach Ville d'Avrey, ich treffe Blanche an, aber keinen Bobinet. Ich frage sie: »Wie haben Sie es nur fertiggebracht, ihn loszuwerden?«

BOBINET

Ich komme zu Gardefeu... Sein Diener sagt mir: »Monsieur kommt jeden Moment zurück.« Es war ein Uhr; ich warte, es wird zwei, es wird drei... ich wartete weiter...

GARDEFEU

Blanche erwidert mir: »Das war ganz einfach. Ich habe unseren kleinen Bob zu Ihnen geschickt, um Sie in Paris abzuholen und ja nicht ohne Sie zu kommen.«

BOBINET

Schließlich wird es vier, und ich entschließe mich, doch allein zurückzufahren; ich komme nach Ville d'Avray und finde ihn in größter Behaglichkeit!

GARDEFEU

Gegen fünf ist er dann zurückgekommen; ich sage zu ihm: »Während du bei mir warst, war ich bei dir! Das ist schon sehr komisch!«

BOBINET

Ich fand das gar nicht komisch.

GARDEFEU UND BOBINET (zugleich)

Und das ist der Grund, warum wir uns nicht mehr grüßen! (Glocke von außen)

BEAMTER

Der Zug von Rambouillet, Messieurs, der Zug von Rambouillet!

(Reisende treten auf.)

IV. SZENE

DIE VORIGEN. METELLA. GONTRAN. REISENDE

NR. 2 CHOR DER REISENDEN
Geschwind, geschwind,
bei diesem Wind,
da regnet es in jedem Falle!
Beeilt euch jetzt,
ja, lauft und hetzt,
sonst sind besetzt
die Wagen alle.

(Sie gehen in Eile ab. Metella tritt auf, am Arme Gontrans.)

GARDEFEU

Metella!

BOBINET

Metella!

METELLA (für sich)

Himmel, Himmel! Das ist fatal!

GONTRAN

Was ist denn Ihnen auf einmal?
Sie zittern ja, Madame,
und blaß ist Ihr Gesicht!

GARDEFEU UND BOBINET (zusammen)

Vielleicht liegt es an uns,
daß Madame so erschrecken?

GONTRAN

Die beiden Herrn...
sie kennen diese Gecken?

METELLA (kalt)

Diese Herr'n? Kenn' ich nicht!

(Sie zieht Gontran weg, während ein neuer Schub
Reisender erscheint.)

CHOR

Geschwind, geschwind...

(Die Reisenden stürzen davon.)

V. SZENE

BOBINET. GARDEFEU
(Sie schauen sich einige Zeit an, dann fallen
sie einander in die Arme.)

BOBINET

Gardefeu!

GARDEFEU

Bobinet!

BOBINET

Die Treulosigkeit von Blanche Taupier hat uns entzweit.

GARDEFEU

Die Treulosigkeit Metellas soll uns wieder vereinen.

BOBINET

Schön, sag doch, wie geht's denn so?

GARDEFEU

Danke der Nachfrage, es geht.

BOBINET

Aber das interessiert mich gar nicht. Um wieder von
Metella zu sprechen: die ist eine Schlange!

GARDEFEU

Ein Krokodil!

BOBINET

Bei Frauen sagt man: Schlange!

GARDEFEU

Sie ist noch schlimmer als Blanche Taupier, die hat immerhin nur dich betrogen, aber Metella betrügt uns beide!

BOBINET

Übrigens habe ich so etwas schon die ganze Zeit vermutet. Vor acht Tagen habe ich ihr in die Augen geschaut, und da habe ich plötzlich klar gesehen: sie liebte mich nicht!

GARDEFEU

Glaubst du wirklich?

BOBINET

Sie machte sich über mich lustig. Bei Gott, ich bin ihr
deshalb ja auch nicht böse. Was konnte ein Mann wie ich
ihr schon geben? Wir sprachen nicht die gleiche Sprache.
Manchmal, im Gespräch, ich weiß nicht, ob dir das
aufgefallen ist...

GARDEFEU

Nein, mein Freund.

BOBINET

Warte doch, du weißt ja gar nicht, was ich sagen will.
Manchmal will ich eben höhere Dinge ansprechen... da
gibt es nichts... man könnte mich da nicht zurückhal-
ten... ich muß das einfach ansprechen...

GARDEFEU

Ich habe es bemerkt, Bobinet.

BOBINET

Das hat Metella schließlich überfordert, und dann...
übrigens ist es ganz gut so... Ihr Verhalten bestimmt
mich endgültig, einen Plan auszuführen, den ich entwik-
kelt hatte. Es ist ja schon eine ganze Weile, daß die Damen
von Welt, wie du wohl bemerkt hast...

GARDEFEU

Nein.

BOBINET

Unterbrich mich nicht. Du weißt ja gar nicht, was ich
sagen möchte. Also, die Damen von Welt beklagen sich

schon lange, daß sie von den fashionablen jungen Herrn vernachlässigt werden... ich finde, sie haben recht, und ich habe mich entschlossen, zu ihnen zurückzukehren.

GARDEFEU
Da hast du nicht ganz unrecht, vielleicht.

BOBINET
Wie du mich hier stehen siehst, habe ich vor, mich an die Spitze einer großen Bewegung zu setzen, die die männliche Jugend wieder in die noblen Salons zurückführt! Vornehme Damen sind nun einmal vornehmer, und außerdem billiger.

COUPLETS

I
Wie sind doch die Marquisen traurig,
uns nicht mehr im Salon zu seh'n,
da wir doch nur – und das bedaur' ich –,
zu zweifelhaften Frauen geh'n.
Statt den Bon Ton zu kultivieren,
tanzt jetzt Cancan die Männerwelt,
verjuxt (wohin soll das noch führen?)
mit den Grisetten flott das Geld.
Wir bessern uns und morgen schon
bevölkern wir voll Reue wieder den Salon!

BOBINET UND GARDEFEU
(gemeinsam)
Bessern wir uns und morgen schon...

BOBINET

II

Fürs erste treibt mich mein Gewissen,
daß ich verzicht auf Saus und Braus.
Doch zweitens hätt' ich's so schon müssen,
denn leider geht das Moos mir aus.
Das muß uns auch den Spaß verleiden,
denn wenn der Mensch kein Geld mehr hat,
dann sollte er das Laster meiden
und folge streng der Tugend Pfad.
Wir bessern uns und morgen schon
bevölkern wir voll Reue wieder den Salon!

BOBINET UND GARDEFEU
(gemeinsam)

Wir bessern uns und morgen schon...

BOBINET

Und jetzt, auf in die Rue de Varennes, zur niedlichen
Comtesse de la Roche-Trompette! Adieu, mein Lieber!
Auf bald!... Wir sehen uns ja bald wieder, denn (singt im
Abgehen) Wir bessern uns und morgen schon...

VI. SZENE

GARDEFEU (allein)

Liebhaber einer Dame von Welt zu sein, das wäre
tatsächlich keine schlechte Idee. Aber da müßte man
zuerst einmal eine Dame von Welt finden, die mich als

Liebhaber haben will. Das ist das Problem. Wo finde ich
eine? (Joseph tritt auf.) Ich kannte einmal eine Madame de
Beaupertuis; die stellte ihren Gästen einen Gemahl vor
und nannte sich Baronin. Aber gehörte sie wirklich zur
guten Gesellschaft?

VII. SZENE

GARDEFEU. JOSEPH

JOSEPH
Nein, Monsieur, sie gehörte nicht dazu.

GARDEFEU
Joseph! Mein ehemaliger Diener!

JOSEPH
Ich bin's. Und schätze mich glücklich, Ihnen diese kleine
Auskunft geben zu können.

GARDEFEU
Und was treibst du hier?

JOSEPH
Ich bin nicht mehr Domestik, Monsieur, ich bin jetzt
Guide!

GARDEFEU
Guide!... Aber Fremdenführer haben doch eine Uniform?

JOSEPH

Ich bin Cicerone... ich bin Guide... gehöre zum diskreten Service des Grand Hotels. Ich begleite die Fremden in Paris und zeige ihnen die Schönheiten der Hauptstadt.

GARDEFEU

Und du erwartest hier Reisende?

JOSEPH

Jawohl, Monsieur, einen schwedischen Baron, der mit dem nächsten Zug ankommen soll... einen Baron, begleitet von seiner Gemahlin...

GARDEFEU

Eine schwedische Baronin?

JOSEPH

Natürlich.

GARDEFEU

Eine schwedische Baronin, das wäre doch eine Dame der guten Gesellschaft!

JOSEPH

Ich glaube wohl, Monsieur.

GARDEFEU

Die schickt mir der Himmel!... Joseph...

JOSEPH

Monsieur?

GARDEFEU

Dieser Baron – und diese Baronin! – kennen dich doch
nicht?

JOSEPH

Unmöglich; sie haben beim Hotel telegraphisch einen
Guide bestellt, und das Hotel schickt mich.

GARDEFEU

Ich könnte also ohne weiteres deinen Platz einnehmen...

JOSEPH

Sie könnten sicher, wenn ich einverstanden wäre...

GARDEFEU

Und du bist doch einverstanden, wenn die Vergütung
anständig ist...

JOSEPH

Das läßt sich hören, gnädiger Herr. Ich trete Ihnen meinen Baron und meine Baronin gegen eine Entschädigung ab...

GARDEFEU

Den Baron... den Baron... den will ich gar nicht, den überlasse ich dir...

JOSEPH

Mit dem alten Schweden kann ich auch nichts anfangen... nein, Monsieur, die Herrschaften sind nur paarweise im Angebot.

GARDEFEU

Also gut, ich nehme sie beide, – aber wie erkenne ich sie überhaupt?

JOSEPH

Das mache ich schon. Ich erwarte sie am Bahnsteig, bringe sie hierher, und das Weitere steht in Ihrem Belieben.

GARDEFEU

Abgemacht, mein lieber Joseph, ich werde ihr Führer sein.

JOSEPH

Endgültig?

GARDEFEU

Endgültig!

JOSEPH

Schön denn, dann bekommen Sie auch diesen Brief, der für die Baronin ans Hotel geschickt wurde. Sie werden ihn zu überreichen haben.

GARDEFEU (nimmt den Brief)

Ich werde ihn überreichen. Aber hole jetzt meine Schweden.

JOSEPH

Ich gehe ja schon, Monsieur. (geht ab)

VIII. SZENE

GARDEFEU (allein)

Köstlich! Eine Dame, die ich nicht kenne, und ich bin schon ganz aufgeregt, allein vor Erwartung! Wird sie auch hübsch sein, diese Baronin? Wenn sie hübsch ist, kann man sich leicht ausmalen, wohin ich sie führe... zuerst einmal zu mir... natürlich samt ihrem Gemahl. Über die Unterbringung werden sie sich nicht zu beschweren haben. Aber, zum Donner, wenn die Baronin gar nicht hübsch ist, oder wenn sie schon sechzig ist... dann gebe ich sie Joseph zurück, und er kann sie durch Paris schleppen.

(Joseph kommt, gefolgt von Baron und Baronin.)

IX. SZENE

GARDEFEU. JOSEPH. BARON GONDREMARCK. BARONIN

(Die Baronin trägt einen Schleier.)

JOSEPH (voreilig)

Hier sind sie, Monsieur, sie sind da!

GARDEFEU

Schön, aber geh noch nicht weg. Ich muß zuerst wissen,
ob diese Schweden mir überhaupt zusagen. (Baron und
Baronin kommen.) Der Gatte ist gut, aber ich muß die Frau
sehen.

JOSEPH

Das ist Ihr Guide, Herr Baron... (zu Gardefeu) Raoul, hier
sind Ihre Gäste! (Die Baronin hebt den Schleier.)

GARDEFEU (für sich)

Wie schön sie ist! (zu Joseph) Oh! Das ist ausgezeichnet, geh
jetzt, Joseph, geh nur! Ich werde der Guide für die
Herrschaften sein!

(Joseph ab)

X. SZENE

BARON. BARONIN. GARDEFEU

BARON (zu Gardefeu)

Kanner ni Paris och kan alpaga mein nicht Krrrrr...

GARDEFEU (beiseite)

Sacrebleu! Daran habe ich nicht gedacht.

BARONIN (kommt zu Gardefeu)

Kanner ni Paris och kan alpaga mein nicht Krrrr...

GARDEFEU (beiseite)

Das verstehe ich genausowenig. Aber es klingt besser!

BARON (leise zur Baronin)

Was machen wir nur, dieser Guide spricht kein Schwedisch...

BARONIN

Und wenn wir mit ihm französisch sprechen?

BARON

Eine gute Idee! – Sie liegt ja nahe, aber ich wäre nicht darauf gekommen.

BARONIN (zu Gardefeu)

Sagen Sie doch, mein Bester!...

GARDEFEU

Herrlich! Jetzt versteh' ich auf einmal Schwedisch!

BARONIN

Sie kennen doch wenigstens Paris genau?

GARDEFEU (für sich)

Ach so, sie spricht ja auch französisch. (laut, feurig) Ob ich
Paris kenne, Frau Baronin? Das will ich wohl glauben!

NR. 4 TERZETT

GARDEFEU

Niemals – das ist keine Fabel –
Wurden durchs moderne Babel
Fremde kundiger geführt,
garantiert!
Denn leicht wird,
wen es nicht schiert,
angeschmiert.
Ich führe,
präsentier',
glossiere,
illustrier',
bugsiere,
animier',
doziere,
apportier'!
Wie hoch jedoch ist mein Lohn?
Monsieur, ganz à discretion!

BARON

Ich bin gewieft,
ich zahl' Tarif!

GARDEFEU

Warten Sie erst ab, wie es lief.
Wir werden uns ganz sicher einig.
Das hat noch Zeit.

BARON

Ja, das mein' ich.

BARONIN

Definitiv,
man zahlt Tarif!

GARDEFEU

Ich werde nicht darauf bestehen.
Sagen Sie mir aber jetzt, sagen Sie –
wohin wollen Sie geh'n?

BARON

Ich möchte mit der Kunst beginnen:
Theater säh ich gerne. Doch
muß von hübschen Tänzerinnen
man Schönes seh'n dort noch und noch.

GARDEFEU

Ach das seh'n Sie ganz gewiß,
so etwas gibt's nur in Paris!

BARON

Und das seh' ich ganz gewiß?

GARDEFEU
Ja, das seh'n Sie ganz gewiß!

BARONIN
Die Patti singt in »Don Pasquale«,
wär's möglich, daß ich sie da hör'?
Café-Concert: Freunde empfahlen
Theresa mir mit dem »Sapeur«.

GARDEFEU
Ach, das sehn Sie ganz gewiß,
So etwas gibt's nur in Paris!

BARONIN
Und all das seh ich ganz gewiß?

GARDEFEU
Ja, das seh'n Sie ganz gewiß!

ENSEMBLE

GARDEFEU
Ja, ich werde Sie führen,
wenn Sie mich engagieren.
Was nur bietet Paris,
Sehen Sie ganz gewiß!

BARON, BARONIN
Durch die Stadt uns zu führen,
woll'n wir Sie engagieren!
Was nur bietet Paris,
sehen wir ganz gewiß.

BARON (nimmt Gardefeu beiseite)
Da sind so ein paar Dinge,
die sähe ich gern – ungestört.
Doch ich möcht', wenn irgend es ginge,
daß meine Frau es nicht erfährt!

GARDEFEU (leise)
Oh, Sie sind wirklich aufgeweckt!

BARON (ebenso)
Doch bin ich dabei ganz korrekt!

BARONIN (nimmt Gardefeu beiseite)
Ich hätte wohl einige Gänge,
die ich gern machte – ungestört.
Und ich sähe es gern, wenn gelänge,
daß mein Gemahl davon nichts hört!

GARDEFEU (für sich)
Wie Frau Baronin mich erschreckt!

BARONIN (leise)
Doch bin ich dabei ganz korrekt!

GARDEFEU (zum Baron und zur Baronin)
Bau'n Sie auf mich,
all das mach' ich!
Sie seh'n auf Ehr',
was Sie bisher
sich nur erträumten und noch mehr!

REPRISE DES ENSEMBLES

GARDEFEU
Ja, ich werde sie führen…

GARDEFEU
Also, ja, brechen wir auf!

BARONIN
So nehmen Sie den Gepäckschein und holen Sie unsere
Koffer!

DER SCHWEIZER ADMIRAL

GARDEFEU

Ihr Gepäck? ... Das könnte schließlich... vielleicht...

BARON

Wieso? »Das könnte...«

GARDEFEU

Wenn Sie freilich Wert darauf legen...

BARON

Wie? Ob ich Wert darauf lege? – Die Baronin hat vierundvierzig Stück Gepäck...

GARDEFEU

Ja ja, ich hole das Gepäck. Aber warten Sie auf mich! Gehen Sie nicht fort ohne mich!

BARONIN

Natürlich nicht, Sie sind ja unser Guide!

GARDEFEU

Tatsächlich! Das stimmt, ich bin Ihr Guide! Apropos, Madame, hier ist ein Brief, den man für sie im Grand Hotel abgegeben hat. – Ich hole ganz schnell das Gepäck... Aber Sie warten auf mich?!

(geht ab)

XI. SZENE

BARON. BARONIN

BARONIN

Ein Brief für mich?

BARON

Und von wem?

BARONIN
(öffnet den Brief und überfliegt ihn)

Oh, von Julie... Sie wissen ja: Madame de Folle-Verdure, die ich in Stockholm kennengelernt habe... Ihr Mann
hatte dort eine Erbschaftssache zu regeln.

BARON

Und was schreibt sie?

BARONIN

Ich hatte ihr unsere Ankunft angekündigt. Sie schreibt
mir jetzt, daß sie heute leider von Paris abwesend sei,
jedoch übermorgen zurückkehre... Wir sind zum Diner
eingeladen, zusammen mit ihr, bei ihrer Tante, Madame
de Quimper-Karadec.

BARON

Das fängt hübsch an! Wir werden bei Madame de
Quimper-Karadec dinieren!

(Gardefeu kommt wieder. Ihm folgen viele Reisende.)

XII. SZENE

VORIGE. GARDEFEU. DER BRASILIANER. REISENDE

(bunt und bizarr gekleidet)

GARDEFEU

Hier bringt man Ihre Koffer... Kommen Sie bitte und
sehen Sie nach, ob auch nichts fehlt.

BARON

Gehen wir also!

(Sie gehen nach rechts ab.)

FINALE

ENSEMBLE

In Paris, da finden sich die Leute,
in Paris trifft sich die schöne Welt!
In Paris macht mancher seine Beute,
in Paris vertun wir unser Geld.

(Auftritt der Brasilianer. Ihm folgen zwei kleine Neger
mit Säcken und Koffern.)

DER BRASILIANER

Ich komme aus Brasilien her,
mit Gold im Überfluß versehen.
Ich wurde, um Paris zu sehen,
zum dritten Male Millionär.
Bisher war ich erst zweimal hier,
mein Gold, es füllte ganze Säcke,
Brillanten führt ich im Gepäcke...

Wie lange aber reicht' es mir?
Bis hundert Freund mich nannten. Bis
ich durchgeliebt vier, fünf Maîtressen.
Dies Halbjahr werd' ich nie vergessen!
Dann war ich arm. Paris, Paris!
Wie schnell zerrann mir all das Geld!

Mit einem Fußtritt, einem großem,
hast du mich wieder ausgestoßen, –
nach Hause, in die Neue Welt!
Dort war Paris mein ganzes Ziel,
drum hieß es wieder Geld erwerben,
ein Millionär sein oder sterben!
Ich setzte alles auf das Spiel.
Und ich gewann ein drittes Mal,
da konnte mich kein Skrupel hindern.
Paris, du darfst bei mir jetzt plündern,

was selber ich zusammenstahl!
Ich komme aus Brasilien her...

Hurra, hurra, hurra! Kokotten, ich bin da!
Toupiert euch eure falschen Haare!
Hurra, hurra, hurra! Ihr wißt, daß ich nicht spare!
Und außerdem: ich hab' es ja!
Ein Schelm, der mehr hat, als er gibt!
Nehmt meine Dollars, ihr Grisetten!
Nehmt meinen Rock, die Ringe, Ketten!
Sagt mir dafür, daß Ihr mich liebt!

Vergnügen will ich und Lust!
Kurz, ich will Pariser Leben!
– Der Preis ist mir schon bewußt. –
Ja, ich will Paris erleben!
Zu mir, wer Liebe mir gibt,
ich will euch mit Gold beglücken.
Zu mir, wer Schmuckstücke liebt!
Denn ich will mich mit euch schmücken...
Nehmt euch also, was es sei,
all mein Geld soll euch gehören.
Doch ich selbst – das kann ich schwören –
ich komm nicht zu kurz dabei.

REPRISE DES CHORS
(Der Baron und die Baronin kommen mit Gardefeu wieder.)

ALLE
Paris, Paris, Paris!
Hinein, hinein in das Vergnügen!

Ins hochgepriesne Paradies!
Über Geld muß man nur verfügen,
wie schön, wie schön ist dann Paris!

VIER ZOLLBEAMTE

Die Herren führen Waren mit?
Die Damen führen Waren mit?

ALLE

Nein, nein...
　　　　Hier erscheint,
　　　　bunt vereint,
Die Bevölkrung aller Zonen.
　　　　Dicht gedrängt,
　　　　bunt vermengt,
selbst Chinesen und Mormonen.
　　　　Aus der Türkei
　　　　und Mongolei,
　　　　Rom und Wien,
　　　　und Berlin,
　　　　Petersburg,
　　　　Mecklenburg,
　　　　Walachai,
　　　　Lombardei.
　　　　Aus der Türkei...
Mit dem Schiff, mit den Zügen,
weil es schneller nicht geht,
eilen wir ins Vergnügen,
nach Paris, zum Magnet!
Angelockt, angezogen,
auf den Taumel erpicht,

kommen wir angeflogen
wie die Falter zum Licht.
Noch jeder Fremde dich pries,
du Stadt der Städte, Paris, Paris!
Ja, jeder Fremde...

Sich amüsieren,
herrlich soupieren,
lachen, genießen,
tändeln und küssen!
Wie Verrückte stürzen wir
in den Rausch uns voll Begier!
Mit dem Schiff, mit den Zügen...

(Tableau. Der Chor bildet Spalier für den Brasilianer. Gardefeu
zeigt dem Baron und der Baronin den Weg.)

RONDEAU DU BRÉSILIEN

Le BRÉSILIEN. Je suis Bré_si_lien j'ai de l'or Et j'ar_ri_ve de Ri_o Ja_nèire Plus riche aujourd'hui que na_guère Pa_ris je te re_viens en_cor Deux fois je suis ve_nu dé_jà J'a_vais de l'or dans ma va_li_se Des di_a_mants à ma chemi_se Com_bien à du_ré tout ce_la Le temps d'avoir deux cents a_mis Et d'ai_mer quatre ou cinq maî_tresses, Six mois de ga_lan_tes i_vresses Et plus rien ô Pa_ris Pa_ris. En six mois tu m'as tout ra_flé Et puis vers ma jeune A_mé_ri_que Tu m'as pauvre et mé_lan_co_lique Dé_li_ca_tement rem_bal_lé Mais je brû_lais de re_ve_nir Et là_bas sous mon ciel sau_vage Je me ré_pè_tais a_vec rage Une au_tre for_tune ou mourir Je ne suis pas mort j'ai ga_gné Tant bien que mal des sommes fol_les Et je viens pour que tu me voles Tout ce que là_bas j'ai volé Tout ce que là_bas j'ai vo_lé Tout ce que là_bas j'ai vo_

_lé ah _____ Je suis Bré_si_lien j'ai de l'or Et j'ar_ri_ve de Ri_

_o Ja_néï_re Plus riche aujour_d'hui que naguère Pa_ris je te re_

viens en_cor Je suis Bré_si_lien j'ai de l'or Et j'ar_ri_ve de Ri_

_o Ja_neïre Pa_ris Pa_ris Pa_ris Pa_ris je te reviens en

Vivace.

_cor. Hurrah hur_rahhur_rah je viens de débarquer Mettez vos. faux cheveux co_

_cottes hurrahhurrah hur_rah j'apporte à vos quenottes toute ma fortune a cro_

Animé. **p**

_quer Le pi_geon vient, plu_mez plu_mez Pre_nez mes dol_lars mes bank_

_nottes ma montre mon cha_peau mes bottes Mais di_tes_moi que vous m'ai_

Presto.

mez A moi les jeux et les ris Et les danses ca_va_liè_res à

moi les nuits de Pa_ris Qu'on me mène au bal d'Asnières Ve_nez à moi vous au_

_rez des bi_joux des toi_let_tes Ve_nez, vous me pil_le_rez co_

_quines et co_quet_tes Sachez_le bien seu_le_ment, Car c'est là ma na_

_tu_re, J'en prendrai pour mon ar_gent je vous le ju_re, J'en prendrai pour mon ar_

FIN.

_gent, J'en prendrai pour mon ar_gent Ve'_nez ve_nez ve_nez ve_nez.

ZWEITER AKT

Salon bei Gardefeu. Türen rechts, links und im Hintergrund

I. SZENE

ALPHONSE, dann FRICK, später GABRIELLE

ALPHONSE

Nun ja, der Zug von Rambouillet muß sich wieder mal verspätet haben. Monsieur hatte doch gesagt, er komme augenblicklich zurück... (Es läutet.) Das ist er... (Er öffnet die Mitteltür.) Nein, es ist Frick, der Schuster.

FRICK

(erscheint in der Mitteltür. Er trägt in der rechten Hand ein paar Herren-
stiefel, in der linken ein Paar Damenstiefeletten. Er spricht mit betont
deutschem Akzent.)

Ja, ich bin's.

ALPHONSE

Guten Tag, Monsieur Frick. Monsieur de Gardefeu ist
nicht da, wird aber jeden Augenblick kommen.

FRICK

Mon ami...

ALPHONSE

Was gibt's?

FRICK

Je vous en prie, daß Sie fortkommen.

ALPHONSE

Wie?

FRICK

Auf der Treppe hatte ich der Fortüne und bin der kleinen
Handschuhmacherin Gabrielle begegnet; sie kommt
hierher. Ich habe ihr etwas zu sagen... Je vous en prie,
machen Sie, daß Sie fortkommen!

ALPHONSE

Ja dann... ich gehe.

(geht ab)

FRICK

Gabrielle... die Gantière... die schöne Handschuhmacherin...

DUETT

FRICK

Herein, mein Kind, du gestattest mir wohl,
daß ich statt Herrn Gardefeu dich grüße.
Ihm, der Pariser Kokotten Idol,
nahmst du Maß an den Händen,
ich schmück ihm die Füße.

GABRIELLE

Mich nennt man Gantière.

FRICK

Bottier nennt man mich.

GABRIELLE

Ich führe die Schere.

FRICK

Mit Pech arbeit' ich.

GABRIELLE

Die Hand ist das Schwere.

FRICK

Der Fuß tut leicht weh.

GABRIELLE

Gäb's nicht die Gantière!

FRICK

Gäb's nicht den Bottier.

BEIDE

Es leb' die Gantière!
Es leb' der Bottier!
Wir haben die Ehre
und das Renommé.
Wir machen Karriere
in unserm Metier.

FRICK

Ohne Schuhe
wär' Getue
die Eleganz
eines Manns.
Ohne Schuhe!

GABRIELLE

Man verwende
auf die Hände
allen Geschmack und Verstand!
Das liegt klar auf der Hand.

FRICK

Ob man modisch elegant,
zeigt der Fuß, zeigt nicht die Hand!

GABRIELLE

Ob man modisch elegant,
zeigt der Fuß nicht, zeigt die Hand!

FRICK

Ohne Schuhe! Schuhe, Schuhe!

GABRIELLE

Auf der Hand! Auf der Hand!

RONDEAU

Früher war's Gebrauch einmal
und oft der Fall,
daß man der Liebsten einen Handschuh stahl,
der als Liebespfand versteckt
und unbefleckt
mit heißer Liebe Küssen ward bedeckt;
auf dem Herzen war sein Platz
als größter Schatz, –
gab für die Hand und für noch mehr Ersatz!

Brach man auch die Treue ihr,
bald dort, bald hier,
behielt den Handschuh man als Souvenir.
Und oft fand ein alter Mann
in verstaubten Kästchen,
neben alten Briefen dann
längst vergessne Handschuhrestchen.
Daß den Handschuh man uns stahl,
das war galant und war ästhetisch.
Während heut man, wie brutal!
uns unsre Stiefel raubt als Fetisch!

Und wird so ein Don Juan
einst älter dann,
legt er sich wohl 'ne Stiefelkiste an,
öffnet sie mit Siegerblick
und denkt zurück
und inspiziert sein früh'res Jägerglück:
»Diesen hier, so klein und niedlich,
stahl ich Laura ungeniert,
als wir einmal sehr gemütlich
nach dem Maskenball soupiert.
Dieser hier ist von Denise,
Fanny, du bist auch dabei!
        (nimmt Frick die Stiefeletten aus der Hand)

Die Comtesse, und die Marquise
ja, hier sind sie alle zwei!«
So genießt, auf einen Blick,
man der Erinn'rung süßes Glück.
Was die Einsicht uns beschert,

daß oftmals der Erinn'rungswert
selbst alte Schuh' oder Handschuh' verklärt.

Früher war's Gebrauch...

FRICK

Ei, liebes Fräulein, wenn Sie meinen...
wir könnten beide leicht vereinen.

GABRIELLE

Worauf woll'n Sie denn jetzt hinaus?

FRICK

Allein zu wohnen ist doch gräuslich,
wir Deutsche leben lieber häuslich.

GABRIELLE

Ein Deutscher drückt sich deutlich aus!

FRICK

Ein Deutscher läßt sich's nicht verdrießen!
All meine Freunde sind vermählt...

GABRIELLE

Nur frei heraus.

FRICK

Ich hab' gewählt.

GABRIELLE

Wie? Was? Gewählt?

FRICK

All meine Schuh'
(ich dazu)
liegen Ihnen zu Füßen!

GABRIELLE

Die Schuh' zieh' ich mir ungern an.

FRICK

Wie schad', wie schad'!
Ich geb' noch nicht auf: Sie erfassen,
wie die Stiefel zum Handschuh passen?

GABRIELLE

Vielleicht, vielleicht. Doch hat das ja noch Zeit.

FRICK

Und das zu zweit! Und das zu zweit!

GABRIELLE

Das hat noch sehr viel Zeit.
Ich bin die Gantière...

FRICK (will sie umarmen, sie wehrt sich)

Stellen Sie sich doch vor! Zwei Landsleute... sind wir
doch aus Deutschland, wir beiden... und dabei sprechen
wir alle zwei ein akzentfreies Französisch!

GABRIELLE (lachend)

Das stimmt allerdings...

FRICK

Und außerdem, wenn Sie mich heiraten, heiraten Sie
keinen gewöhnlichen Schuster.

GABRIELLE

Wie das?

FRICK

Ich mache nicht nur Stiefel für Herren, oh nein, ich
mache auch Damenschuhe!

GABRIELLE

Wäre das wahr, Herr Frick?

FRICK

Schuhe... kleine Schühchen... Wenn ich sage, kleine,
so meine ich natürlich große.

GABRIELLE

Aha!

FRICK

Ich mache Ihnen welche, ganz hohe Stiefel... Ich darf
doch Maß nehmen?... Kommen Sie, ich will Ihnen Maß
nehmen...

GABRIELLE

Aber ich will nicht!

FRICK

Aber ich will... ich will unbedingt... Ich werde Ihnen
Maß nehmen...

(Alphonse kommt herein.)

II. SZENE

DIE VORIGEN. ALPHONSE

ALPHONSE

Monsieur de Gardefeu ist da. Er kann im Moment nicht
mit Ihnen reden... Treten Sie bitte hier ein... Es wird
nicht lange dauern...

FRICK (zu Gabrielle)

Ich werde Ihnen Maß nehmen...

GABRIELLE

Nein, nein, nein!

FRICK

Doch, doch, doch!

ALPHONSE

Nun machen Sie schon!

(Er drängt sie ins linke Nebenzimmer.)

III. SZENE

ALPHONSE. GARDEFEU

GARDEFEU (tritt ein)

Alphonse!

ALPHONSE

Monsieur!

GARDEFEU

Geh hinunter und hilf den Leuten, das Gepäck herauf-
bringen!

ALPHONSE
Gepäck?

GARDEFEU
Ja, ja! Gepäck! Mach schnell!

(Alphonse ab)

IV. SZENE

GARDEFEU (allein)
Ich habe ihnen gesagt, sie wären im Grand Hotel und ich
habe sie zu mir gebracht. Sie ist ausnehmend hübsch, die
Schwedin, und da hätte ich sie nun. Hauptsache, ich
behalte sie auch. Wie stehen die beiden nur miteinander?
Ich werde eine kleine Probe riskieren.

(Eintreten der Baron, die Baronin, Alphonse und eine Kammerfrau.)

V. SZENE

GARDEFEU. BARON. BARONIN. ALPHONSE.
KAMMERFRAU

BARON
Sehr hübsch hier, sehr hübsch!

GARDEFEU
Alphonse!

ALPHONSE

Monsieur!

GARDEFEU (zu Alphonse)

Die Koffer des Herrn kommen hier hinein... Das wird
Ihr Zimmer, Herr Baron! (bezeichnet eine Türe links)

BARON

Sehr gut.

(Alphonse ab)

GARDEFEU (zeigt der Kammerfrau eine Türe rechts)

Und Sie, Fräulein, lassen die Sachen von Madame dort
hineinbringen... Das wird Ihr Zimmer sein, Madame! –
Hier der Herr Baron, da die Frau Baronin!

(Kammerfrau ab)

BARON

Ausgezeichnet!

BARONIN (herzlich)

Vielen Dank, Monsieur! (für sich) Der junge Mann hat
Geist.

(geht rechts ab)

GARDEFEU (für sich)

So steht es also zwischen ihnen... Jetzt weiß ich, woran
ich bin. Nicht übel!

VI. SZENE

GARDEFEU. BARON

GARDEFEU
Und Sie, Herr Baron, belieben nicht, sich zurückzu-
ziehen?

BARON
Gleich, gleich!... Sagen Sie doch...

GARDEFEU
Herr Baron befehlen?

BARON
Sie haben mir gesagt, wir wären im Grand Hotel; und
dieses Haus hier ist ganz klein.

GARDEFEU

Ja, freilich... wir sind in einem der kleinen Hotels des
Grand Hotels.

BARON

Ich verstehe nicht ganz.

GARDEFEU

Bitte, das ist ganz einfach: da das Grand Hotel nicht mehr
ausreicht, hat die Geschäftsleitung eine Unzahl kleinerer
Häuser angekauft, um dort Gäste unterzubringen. Und
Herr Baron ist in einem dieser kleinen Häuser untergebracht.

BARON

Die Geschäftsleitung mußte Häuser kaufen!

GARDEFEU

Genau, Monsieur, so ist es. Und da Paris mehr und mehr
eine Stadt der Fremden wird, dürfte wahrscheinlich im
Lauf der Zeit das Grand Hotel irgendwann einmal die
ganze Stadt umfassen. Dann wird man in Paris nicht
mehr wohnen können, aber wer das nötige Vermögen
hat, wird in die Stadt kommen, um erlesen zu dinieren,
um ins Theater zu gehen, ...

BARON

... um reizenden Frauen seine Aufwartung zu machen!

GARDEFEU (kühl)

Gewiß, Herr Baron.

BARON

Ich möchte Paris nicht verlassen, ohne einer dieser reizenden Damen meine Bewunderung ausgesprochen zu haben.

GARDEFEU (für sich)

Wir sind also beim Thema... Nun...

BARON

Einer meiner Freunde, ein gewisser Baron von Frascata...

GARDEFEU (erinnert sich dunkel des Namens)

Frascata?!

BARON

... hat in Paris die Bekanntschaft einer jungen Dame gemacht, einer Schauspielerin mit Namen Metella...

GARDEFEU

Aha! Das war's. Ich hab's geahnt!

BARON

Sie sagten?

GARDEFEU

Nichts... Ich meinte nur, daß mir diese Geschichte nicht ganz unbekannt ist.

BARON

So? Frascata hat mir jedenfalls einen Brief... ein Empfehlungsschreiben quasi, für sie mitgegeben. Wissen Sie, wo sie wohnt?

GARDEFEU

Und ob ich weiß, wo Metella wohnt!

BARON

Sie wissen es?

GARDEFEU

Ich bin schließlich... Fremdenführer.

BARON

Schön, da werden Sie ihr diesen Brief zustellen.

GARDEFEU

Sofort?

BARON

So schnell wie möglich... denn:

COUPLETS

I.

In dieser Stadt der tausend Freuden
und so mancher Sehenswürdigkeit

darf seine Zeit man nicht vergeuden,
weil man das später sonst bereut.
Drei Monat' werden rasch vergehen,
und die Abreise folgt so bald!
Will man, wie ich, hier alles sehen,
da stopft man voll den Aufenthalt.

Drum nehm ich alles, alles mit, was geht!
Man bring Metella dies Billett!
Ich nehme alles, alles mit, was geht!

II.
Mein Vater hat mich streng erzogen,
wie ich im Nachhinein jetzt seh'.
So ward ums Jungsein ich betrogen:
Ich ging voll Unschuld in die Eh'.
Dies alles hat man mir befohlen,
ich mußte brav sein, keusch und fromm.
Ich hoff', daß ich es nachzuholen
– komm ich auch kurz – zu kurz nicht komm.

Drum nehm ich alles, alles mit, was geht
Man bring Metella dies Billett!
Ich nehme alles, alles mit, was geht!

GARDEFEU (für sich)
Das ist die reine Tollwut. (laut) Zu Befehl, Monsieur, ich
lasse den Brief zustellen.

BARON
Schön! Und wann wird gespeist?

GARDEFEU

Wann es Ihnen gefällig ist.

BARON

Wie? Wann es mir gefällig ist?

GARDEFEU

Zweifellos.

BARON

Es gibt also keine Table d'hôte?

GARDEFEU

Sie möchten an der Table d'hôte speisen?

BARON

Gewiß doch, ich reise schließlich zu meinem Vergnügen!
Da werde ich doch nicht allein mit meiner Frau essen!

GARDEFEU (für sich)

Das höre ich gern.

BARON

Nun, ich will Leute sehen, beobachten, lachen... Also
wenn es hier keine Table d'hôte gibt, wechsle ich das
Hotel.

GARDEFEU (für sich)

Das Hotel wechseln!... (laut) Wechseln Sie nicht... es
wird eine Table d'hôte geben... es muß um jeden Preis
eine geben...

BARON

Ausgezeichnet! Aber was meinen Sie mit »um jeden
Preis«?

GARDEFEU

Ich meine, der Preis kann hoch oder niedrig sein... wenn man etwa zusätzliche Gänge wünscht...

BARON

Das stimmt! Aber weil wir gerade von Preisen sprechen... Womit muß ich hier denn rechnen?

GARDEFEU

Wie viele Personen sind Sie?

BARON

Vier: Die Baronin und ich, die Kammerfrau und der Diener.

GARDEFEU (für sich)

Wie, ich soll noch Geld kassieren dafür, daß ich... Oh, das ist unter meiner Ehre.

BARON

Nun, wieviel kostet es?

GARDEFEU (für sich)

Ich werde eben nur ganz wenig verlangen.

BARON (beiseite)

Ich gehe bis 100 Francs, sagen wir 120, am Tag. (laut) Darf ich es wissen?

GARDEFEU

Ich denke, mit 10 Francs pro Tag müssen Sie rechnen...

BARON

Zehn Francs?

GARDEFEU

Wären Ihnen 100 Sous lieber?

BARON

Sie meinen, pro Person!

GARDEFEU

Nein, nein, Begleitung inklusive!

BARON

Das ist geradezu billig! Wie kommen Sie da auf Ihre Kosten?

GARDEFEU

Wissen Sie, Herr Baron, das Hotel gehört einer Aktiengesellschaft... Ich bin nur Angestellter... ich habe mein festes Gehalt... also kann mir das gleichgültig sein... Wenn das Haus in die roten Zahlen kommt, dann geht das die Aktionäre an... Ich habe keine Aktien, ich bekomme mein festes Gehalt. Mir geht es nur um eines: Meine Gäste müssen zufrieden sein. Und dazu setze ich erst einmal die Preise herunter: übrigens, wir waren bei 5 Francs. Aber wenn Sie lieber 4 Francs zahlen wollen oder 3.50...

BARON

Nein, nein, ich will sie nicht drücken, auf die 1.50 kommt es doch nicht an!

GARDEFEU

Also abgemacht?

BARON (für sich)

Und da beschwert man sich, Paris wäre ein teures Pflaster (laut) Also wann ist die Table d'hôte?

GARDEFEU

Die Table d'hôte?

BARON

Nun ja, die Table d'hôte!

GARDEFEU

Richtig, an die habe ich gar nicht mehr gedacht... Um 7 Uhr ist Table d'hôte... um 7 Uhr. Oder wäre Ihnen 8 lieber? Oder 9?

BARON

Nein, nein, Sie haben 7 gesagt, bleiben wir dabei... Ich gehe auf mein Zimmer und kleide mich um. Ich hoffe,

das Diner enttäuscht nicht, denn: ... Ich nehme alles,
alles mit, was geht!

(geht, den Refrain trällernd, ab)

VII. SZENE

GARDEFEU (allein)

Eine Table d'hôte! ... In meinen Speisesaal gehen zur
Not zwar zwanzig Personen... Aber diese Personen muß
man erst einmal haben.

(Gabrielle stürzt herein, verfolgt von Frick)

VIII. SZENE

GARDEFEU. FRICK. GABRIELLE

GABRIELLE (will sich in Sicherheit bringen)

Ooohh!

GARDEFEU

Was soll das heißen, Monsieur Frick?!

GABRIELLE

Lassen Sie mich aus, Monsieur Frick!

FRICK

Ich bringe Ihre Stiefel.

DER GENERAL MALAGA DE PORTO-RICO

GABRIELLE

Und ich Ihre Handschuhe.

GARDEFEU (schreit auf)

Ich hab's!

FRICK

Was denn?

GARDEFEU

Liebe Freunde, hören Sie... Ist Ihnen denn noch nie aufgefallen... daß wir noch nie zusammen diniert haben.

FRICK

Das stimmt allerdings.

GABRIELLE

Kein einziges Mal!

FRICK

Aber wenn Sie wünschen...

GARDEFEU

Wäre es Ihnen heute recht?

FRICK (zögernd)

Heute?

GABRIELLE

Ach, du bist wohl schon eingeladen?

FRICK

Nein, heute geht es.

GARDEFEU

Ausgezeichnet! Und weiter, – Sie haben doch Freunde
und Freundinnen?

FRICK

Allerdings!

GARDEFEU

Schön. Dann ergreifen Sie die Gelegenheit und bringen
Sie ein Dutzend mit, ein gemischtes, meine ich.

FRICK

Aber gern.

GABRIELLE

Nichts lieber als das!

GARDEFEU

Und damit es noch mehr Spaß macht, nehmt bitte, statt
eurer eigenen Namen die von euren Kundschaften. Aber
da fällt mir ein, eine Table d'hôte... Keine Table d'hôte
ohne Major! Ich brauche unbedingt einen Major! (zu Frick)
Erinnern Sie sich noch an den, dessen Kundschaft ich
Ihnen vermittelt habe?

FRICK

Ob ich mich erinnere! Er hat bis heute nicht gezahlt...
Ich habe ihn pfänden lassen und alles, was ich bekam,
war ein alter Schnürrock.

GARDEFEU

Mehr brauchen wir nicht. Heute abend ziehen Sie den
Schnürrock an und sind der Major Edouard.

FRICK

Major... aber ich war noch nie Major!

GARDEFEU

Pah! Ziehen Sie erst einmal die Uniform an, alles andere kommt von selbst. – Aber ich bräuchte auch die Witwe eines Obersten...

GABRIELLE

Ich kenne eine... und wenn's Ihnen recht ist, übernehm' ich die Rolle.

GARDEFEU

Abgemacht. Also Sie sind der Major... und Sie, Sie sind die Witwe des Obersten. Um sieben Uhr erwarte ich Sie.

FRICK und GABRIELLE

Punkt sieben sind wir da!

(beide ab)

GARDEFEU

Wunderbar, die Table d'hôte ist gerettet...

(Bobinet erscheint im Hintergrund, er schreitet tragisch nach vorn und läßt
sich schließlich mit Applomb in einen Sessel fallen.)

IX. SZENE

GARDEFEU. BOBINET

GARDEFEU

Was hast *du* denn?

BOBINET

Ich, der ich mir vorgenommen hatte, zu den vornehmen
Damen zurückzukehren, weil mir das Kleingeld ausgegangen war, ich... oh, mein Freund!... Ich komme in
die Rue de Varennes...

GARDEFEU

... und die kleine Comtesse de la Roche-Trompette war
nicht zu Hause.

BOBINET

Sie war zu Hause.

GARDEFEU

Sie hat dich nicht gerade freundlich empfangen?

BOBINET

Sie fiel mir vor Freude fast um den Hals.

GARDEFEU

Ja, dann?

BOBINET

Ich kehrte zurück zu den Damen von Welt, weil mir die
anderen zu teuer kamen. Nun also! Weißt du, was sie mir
sagte, die Comtesse?... Ihr erstes Wort war: Liebster
Freund, der Himmel sendet Sie mir! Ich brauche unbedingt 50000 Francs!

GARDEFEU

Oh!

BOBINET

Leihen Sie sie mir, am Donnerstag 10 Minuten nach 7
bekommen Sie sie zurück. Ich antwortete: Comtesse, in
zwei Stunden haben Sie das Geld, und ging.

GARDEFEU

Du willst es ihr bringen?

BOBINET

Ich habe keinen Sou.

GARDEFEU

Dann hättest du es auch nicht versprechen sollen.

BOBINET

Warum nicht? Sie ist so glücklich... wenn auch nur für
zwei Stunden... aber welches Glück dauert schon län-
ger... (wütend) Oh, diese Damen von Welt!

GARDEFEU

Lästere nicht. Es gibt Ausnahmen. Eine schwedische
Baronin... die ich auf dem Bahnhof entdeckt habe...

BOBINET

Ich weiß, ich weiß. Dein Diener hat mir die Geschichte erzählt... Ich hätte bestimmt darüber gelacht, wenn ich nicht so traurig wäre.

GARDEFEU

Du bist traurig?

BOBINET

Ich bin tief betrübt, ungeheuer tief betrübt.

GARDEFEU

Schade. Wenn du bei Laune wärst, hättest du mir helfen können.

BOBINET

Tja, mein Freund, was soll ich machen, es kommt ungelegen... Allerdings, für einen Freund... Ja, wenn ich bei Laune wäre, verstehst du... Warte mal. (Er kitzelt sich und lacht gezwungen.) Ha! Ha! Ha! (danach sehr trocken) Ich bin wieder lustig, jetzt bin ich wieder lustig.

GARDEFEU

Wie, so schnell geht das bei dir?

BOBINET

Natürlich.

GARDEFEU

Nun gut. Für heute abend habe ich eine kleine Table d'hôte improvisiert, um den Baron und die Baronin Gondremarck hier festzuhalten. Damit aber morgen die Baronin hierbleibt, der Baron dagegen ausgeht und erst spät, sehr spät zurückkommt, müßte man...

BOBINET

Müßte man?

GARDEFEU

Ja, ich weiß eben nicht, was man müßte... mir fällt nichts ein.

BOBINET

Du gibst heute abend eine Table d'hôte, sagst du?

GARDEFEU

Ja.

BOBINET

Gut. gut. Und morgen ich: dieselbe Idee im großen! Ein nächtliches Fest zu Ehren deines Schweden im Hause Quimper-Karadec!

GARDEFEU

Herrlich! Aber wie willst du das fertigbringen?

BOBINET

Ganz einfach: Meine Tante, die Witwe de Quimper-Karadec und meine Cousine, Madame de Folle-Verdure, sind verreist. Ihr Stadthaus steht zu meiner Verfügung und darin wohnen im Moment außer mir die beiden Bedienten, Urbain und Prosper, zwei Spitzbuben, die zu jeder Schandtat bereit sind, das Stubenmädchen und die drei Nichten des Hausmeisters. Die sind die Gäste... Ist es nicht ein Glück, daß der Bruder des Hausmeisters die drei Töchter hat? Sonst hätten wir keine Fest-Gäste... Also, schicke mir deinen Baron!

GARDEFEU

Und du hältst ihn bis in die Nacht fest?

BOBINET

Dafür werden diese Damen sorgen...

GARDEFEU

Freund, du rettest mich!

BOBINET

Du hast von mir nichts weiter verlangt als Vergnügen... wenn Madame de la Roche-Trompette mich nur um Vergnügen gebeten hätte... Oh, diese Damen von Welt!

(Die Baronin tritt ein.)

GARDEFEU (zu Bobinet)

Still!

X. SZENE

GARDEFEU. BOBINET. BARONIN

BARONIN (zu Gardefeu)

Wer ist der Herr?

BOBINET (leise zu Gardefeu)

Stell mich vor!

GARDEFEU

Oh, Frau Baronin... Das ist überhaupt nichts...

BOBINET (beleidigt)

Wie?!

GARDEFEU

Das ist der Uhrmacher unseres Hotels... er muß immer die 800 Uhren des Grand Hotels aufziehen... (drängt Bobinet zur Tür) Gehen Sie jetzt, mein Bester!

BOBINET

Mein Gott, Madame... ich bin eben der Uhrmacher des Grand Hotel... (geht zum Kamin, nimmt die Uhr und zieht sie schnarrend auf) Sehen Sie Madame, es ist völlig unnötig, groß davon herzumachen... Nichts einfacher als das... man muß nur drehen, bis man einen gewissen Widerstand spürt... (Die Feder der Uhr zerspringt mit großem Lärm.) Sie sehen Madame, das war der gewisse Widerstand...

(Er grüßt und geht. Die Uhr nimmt er mit.)

XI. SZENE

GARDEFEU. BARONIN

BARONIN
Monsieur...

GARDEFEU
Madame...

BARONIN
Schauen Sie, was ich in einer Schale auf dem Kamin gefunden habe.

GARDEFEU
Was denn, Madame?

BARONIN
Fünf Ringe, und wahrhaftig wunderhübsche!

GARDEFEU
Ach ja, richtig! Die gehören...

BARONIN
Nun wem?

GARDEFEU
Demjenigen, der vor Ihnen das Zimmer bewohnt hat.

BARONIN
Ach, dann war es doch eine Dame?

GARDEFEU
Zu dienen!

BARONIN

War sie hübsch?

GARDEFEU

Sehr hübsch.

BARONIN

Und ein Herr war auch dabei?

GARDEFEU

Wie kommen Sie darauf?

BARONIN

Unter den Ringen fand ich ein Billett... ich habe natürlich nur die Anrede gelesen: »Mein lieber Raoul!«

GARDEFEU

Ich bin Raoul.

BARONIN

Ach, der Brief gilt Ihnen?

GARDEFEU (wechselt plötzlich den Ton, voll Bitterkeit)
Mir, Madame? Nein, mir nicht! Dieser Brief ist für einen anderen Raoul... Wer würde mir schon ein Billett wie dieses schreiben?... Bin ich ein Raoul, den man »Lieber Raoul« nennen könnte? (Die Baronin sieht ihn erstaunt an. Gardefeu hält inne und wechselt den Ton.) Wenn Sie wünschen, Madame, sorge ich dafür, daß die Ringe und der Brief wieder zu ihrem Eigentümer gelangen.

BARONIN
Ich bitte darum.

XII. SZENE

DIE VORIGEN. METELLA

ALPHONSE (kommt herein)
Monsieur, Monsieur!

GARDEFEU
Was ist?

ALPHONSE
Mademoiselle Metella, Monsieur...

GARDEFEU
Metella!

BARONIN
Schön. Gibt es noch etwas, Monsieur?

GARDEFEU
Nichts, Madame, gar nichts.

METELLA (tritt durch die Mitteltür auf. Für sich)
Was muß ich sehen!

GARDEFEU (versucht sich zu fangen)
Welcher Zufall, Madame! Das ist die Dame, die vor Ihnen das Zimmer hatte.

BARONIN (grüßt)
Madame!

METELLA (grüßt)
Madame!

BARONIN
Ich fand noch einige Dinge vor, die Ihr Eigentum sind, und bat Monsieur, Ihnen dieselben zuzustellen.

METELLA (beiseite)

Noch schöner!

BARONIN

Sie gestatten, daß ich mich auf mein Zimmer zurück-
ziehe.

METELLA (für sich)

Auf *ihr* Zimmer!

BARONIN

Wann wird gespeist?

GARDEFEU

Um sieben Uhr.

BARONIN (grüßt)

Madame!

METELLA (ebenso)

Madame!

(Die Baronin geht in ihr Zimmer ab.)

XIII. SZENE

METELLA. GARDEFEU

METELLA

So etwas! Also ich komme hierher, um Ihnen eine
Erklärung zu geben... aber ich sollte wohl erst einmal
eine Erklärung von Ihnen verlangen!

GARDEFEU

Wozu nur?

METELLA

Weil mir vielleicht daran liegt...

GARDEFEU

Dann würde ich Ihnen sagen, daß ich ruiniert bin und
daß mir da die Idee kam, mein Haus in ein Hotel garni
umzuwandeln und selber Fremdenführer zu werden.

METELLA

Fremdenführer?

GARDEFEU

Gewiß. Hier logieren ein Baron und eine Baronin; ich bin
ihr Guide.

METELLA

So!

GARDEFEU

Ja, so... Das ist meine Erklärung. Um jetzt zu Ihnen zu
kommen: Wer war denn dieser Herr vorhin, am
Bahnhof?

METELLA

Sprechen wir nicht davon! Es ist ja aus zwischen uns.

GARDEFEU

Allerdings, es ist aus.

METELLA

Und darum ist es wohl überflüssig...

GARDEFEU

Sie haben recht. – Hier sind Ihre Ringe...

METELLA

Nur fünf?...

GARDEFEU

Haben Sie denn mehr hier gelassen?

METELLA

Ich weiß nicht recht... Ich meinte...

GARDEFEU

Sie haben recht, es waren sechs; wir werden den sechsten noch finden.

METELLA

Ja, war es überhaupt ein Ring?... War es nicht eher ein Armband?

GARDEFEU

Wie Sie meinen...

METELLA

Ein Armband also, mit Smaragden...

GARDEFEU

Mit Smaragden!

METELLA

Also dann, adieu!

GARDEFEU

Nein, warten Sie noch!

METELLA

Wie?

GARDEFEU

Ich habe noch einen Brief an Sie.

METELLA

Einen Brief? Von wem?

GARDEFEU

Vom Baron de Frascata...

METELLA

(versucht sich zu erinnern, der Name sagt ihr etwas)

Baron de Frascata?

GARDEFEU

Der, der vergangenen Winter... ich hatte immer so einen
Verdacht...

METELLA

Aber wenn ich Ihnen schwöre...

GARDEFEU

Wozu nur? Jetzt...

METELLA

Du bist dumm... was kann er wollen, dieser Baron de
Frascata?

GARDEFEU

Lesen Sie eben.

RONDEAU

METELLA (liest)

Ich weiß nicht, wie beginnen...
Ob Sie sich noch entsinnen
an Stanislaus, Baron von Frascata,
den man auf jedem Balle,

blind für die andern alle,
wie Ihren Schatten Ihnen folgen sah.

Ich liebte Sie, dies Wort ist mir noch heilig.
Daß Sie mich liebten, haben Sie erklärt.
Sie sagten es, so spöttisch lächelnd freilich...
War's Liebe? Kaum! Doch mir war's gleich viel wert.

Sechs Wochen, sie erfüllten
was ich an ungestillten
Begierden nach Paris gebracht!
Wo beim Geknall der Propfen
Sie die Champagnertropfen
noch prickelnder durch Ihren Witz gemacht!
Herrliche Zeit! Sechs Wochen der Genüsse!
Was waren Tanz und Feste, was war das alles schon:
Sie, der Maitressen Krone, Ihre Küsse!
Nichts kam dem gleich... doch schweigen wir davon...

Wenn Sie es wissen wollen:
Ich lebe hier verschollen,

zurückgezogen, aller Freuden bar.
Doch kann aus diesen Räumen
weit weg ich mich ja träumen,
zurück ins seligmachende Boudoir!
Ach, dieses kalte Land ist ohne Spaß,
und ohne zärtlich frohen Zeitvertreib.
Und wüßten Sie erst, wie... – Doch ich vergaß,
warum den Brief ich eigentlich ja schreib.

Ein reicher Herr von Stande,
mir wert durch Freundschaftsbande,
Baron von Gondremarck, reist ab von hier,
um nach Paris zu gehen
und sich dort umzusehen.
Ich denk', sein Reisezweck ist das Plaisir.
Er bat mich, ihn recht gründlich einzuweihen,
da gab sofort ich Ihren Namen ihm.
Ich lächelte... – Das werden Sie verzeihen! –
und sprach: Metella kennt Paris intim.

So lenkt er seine Schritte
zu Ihnen, und ich bitte
Sie herzlich: Nehmen Sie sich seiner an!
Wenn Sie die Zügel führen,
wird er sich amüsieren.
Tun Sie für ihn, was Sie für mich getan!
Ich schicke ihn. Sie werden ihn nicht quälen,
damit er nicht die knappe Zeit versäumt.
Kehrt er zurück, so soll er mir erzählen,
wovon mir träumt und immer wieder träumt:

Wie ich auf jedem Balle,
blind für die andern alle,
an Ihre Reize mich gefesselt sah.

Ich wünsche mir indessen,
daß Sie nicht ganz vergessen
Jean Stanislaus von Frascata.

METELLA

Und wo ist dieser Baron von Gondremarck?

GARDEFEU

Er ist mein Hotelgast.

METELLA

Tatsächlich!

GARDEFEU

Ich bin sein Führer durch Paris.

METELLA

Er ist also der Mann dieser Dame...

GARDEFEU

Eben.

METELLA

Sie ist hübsch. Ich gratuliere.

GARDEFEU

Zu früh.

METELLA

Du Dummkopf! (für sich) Dieser Halunke!

(Der Baron tritt auf.)

XIV. SZENE

DIE VORIGEN. DER BARON

BARON

So, da bin ich. (sieht Metella) Oh!

GARDEFEU

Das ist sie!

BARON (begeistert)

Sie ist es! (ganz trocken) Welche sie?

GARDEFEU

Metella.

BARON

Oh, Madame!

METELLA

Monsieur de Gondremarck?

BARON

Kein anderer.

METELLA (voller Würde)

Baron de Frascata zählte zu den besten Freunden meines Hauses, Monsieur; und ich werde einer Persönlichkeit meine Tür nicht verschließen, die mir von ihm empfohlen wurde.

BARON

So haben Sie den Brief gelesen?

METELLA

Ja.

BARON

Und wie ist die Antwort?

METELLA (würdevoll)

Ich denke, Sie werden so freundlich sein, die Antwort bei mir abzuholen. (Gondremarck geht rasch auf Metella zu und will ihr den Arm geben.) In einigen Tagen...

BARON (betrübt)

In einigen Tagen? Warum erst in einigen Tagen?

METELLA

Nun. Ich bitte darum. (mit einem Blick auf Gardefeu) Ich werde mich rächen! (grüßt den Baron) Monsieur!

BARON

Madame! (Metella geht ab.)

XV. SZENE

BARON. GARDEFEU

BARON

In einigen Tagen! Mir wäre es lieber gewesen... Lassen
wir das. – Zehn Minuten vor sieben. In zehn Minuten ist
Table d'hôte!

GARDEFEU

Die Table d'hôte! Sehr recht! (beiseite) Alle Wetter, ich hab'
ganz vergessen, das Essen zu bestellen.

ALPHONSE (meldet)

Le Major Edouard!

(Frick tritt völlig verändert auf, weite Hose, grüner Tressenrock, Maske und
Frisur als Major)

XVI. SZENE

DIE VORIGEN. FRICK

GARDEFEU

Ah! Da kommen schon die ersten Gäste zum Diner!

FRICK (leise zu Gardefeu)

Wie sehe ich aus?

GARDEFEU

Superb! (laut) Herr Baron, ich lasse Sie einige Augenblik-
ke mit dem Herrn Major allein... Herr Major, ich lasse

Sie mit dem Herrn Baron... Ich muß mich um das Diner kümmern.

(geht ab)

BARON

Sie sind also Major?

FRICK

Zu Befehl!

BARON

Indessen... entschuldigen Sie meine Unwissenheit, ich bin Ausländer – was versteht man hier eigentlich unter einem Major?

FRICK

Einem Major?

BARON

Ja.

FRICK

Ja, da gibt es ganz verschiedene Sorten... Da wäre zunächst der übliche Major, der tapfere Soldat, der ehrenwerte Soldat... Das bin ich nicht! – Dann gibt es den Tambour-Major... Das bin ich auch nicht...

Schließlich gibt es noch den Major für die Table d'hôte...
(voller Stolz) Das bin ich!

BARON

Aha! Sie sind...

FRICK

Hören Sie zu:

COUPLETS

I.

Ich schneid' bei Tisch den Braten auf,
geb' zum Salat den Essig drauf,
ich zieh' die Korken aus der Flasch'
und schenke ein den Damen rasch.
Das Mahl zu würzen bin ich groß.
Ich bring die neuesten Bonmots
und bin für alles Spezialist,
weil keiner mir gewachsen ist.
　　Ich bin der Major!
　　Will man fein dinieren,
　　frühstücken, soupieren,
　　braucht man den Major.
　　Ich bin der Major!
　　Muß man an den Tischen
　　Karten richtig mischen,
　　braucht man den Major!
　　Ja, gesellig
　　und gefällig
　　diene gern und schnell ich!
　　Ich bin der Major!

II.

Was immer soll nach Tisch gescheh'n,
ich bin für alles vorgeseh'n,
will jemand spielen von den Herrn,
zu Diensten steh' ich jedem gern.
Whist und vor allem Ecarté,
ich hab' im Sack die Karten eh'.
Passen muß da der Zivilist,
weil keiner mir gewachsen ist!
        Ich bin der Major!
        Will man fein dinieren...

Jetzt werden Sie wissen, was das ist, ein Major der Table
d'hôte!

BARON
Sie sind ein Aufschneider! Aber ich verstehe einen Spaß!

FRICK (besieht sich Gondremarcks Stiefel)
Aber – um alles in der Welt!

BARON
Was ist denn?

FRICK
Was haben Sie denn da? Wer hat Ihnen denn das angetan?

BARON
Was?

FRICK
Das!

BARON

Meine Stiefel?

FRICK

Das nennen Sie Stiefel? Zieh'n Sie das aus! Das sind doch keine Stiefel! Zieh'n Sie das möglichst rasch aus!

BARON

Wie? Ich soll meine Stiefel?...

FRICK

Sie sind widerlich!

BARON (sieht auf Fricks Schuhe)

Mir scheint, daß Ihre...

FRICK

Bei mir ist das was anderes... ich kann mir's leisten, mir keine schicken Stiefel zu leisten.

BARON

Wieso gerade Sie?

FRICK

Wir haben da ein Sprichwort, das es mir erlaubt... Aber ich werde Ihnen ein Paar Stiefel machen...

BARON

Sie, Major?

FRICK

Ich, allerdings, und das werden Ihnen Stiefel, daß Sie Augen machen! Ziehen Sie die Stiefel aus, ich nehme

Ihnen gleich Maß. (zieht ein Maß aus der Tasche und will sich eines Beines von Gondremarck bemächtigen) Her mit dem Fuß!

BARON (wehrt sich)
Was ist das nur für ein Major!

(Gardefeu tritt ein und trennt sie.)

GARDEFEU (zu Frick)
Aber Herr Major!

FRICK
Schauen Sie sich einmal diese Stiefel an!

GARDEFEU (zum Baron)
Da kommen die Gäste der Table d'hôte; ich muß Sie allerdings darauf vorbereiten, es sind lauter Deutsche! Das ist heute schon ein merkwürdiger Tag!

XVII. SZENE

DIE VORIGEN. SCHUHMACHER. HANDSCHUH-
MACHERINNEN, später GABRIELLE

FINALE

CHOR

Endlich hat es sieben geschlagen!
Wir sind vor Hunger beinah' toll.
Ach, wie freut sich schon unser Magen,
weil das Essen nichts kosten soll!

(Gabrielle erscheint, Gardefeu geht ihr entgegen
und stellt sie dem Baron vor.)

GARDEFEU

Madame de Sainte-Bonbonnière
gibt uns zum Essen heut die Ehre!

BARON

Madame, ich fei'r'
als Schönheit Sie!
Doch warum dieser Schleier?
Diese Melancholie?

CHOR

Ja, warum dieser Schleier?
Diese Melancholie?
(gesprochen) Warum? Warum?

GABRIELLE

I.

Ich bin Witwe. Zum Colonel
bracht' es mein Gatte selig.
Er trat an zum letzten Appell,
mir blieb sein Helm, sonst wenig.
Ich leb' mittellos im Hotel
und langweil' mich allmählich.
Vom Himmel sieht er eventuell,
wie mit Sorgen mich quäl' ich.
Er sagt kein Wort, mein Colonel,
und vielleicht stimmt es ihn fröhlich.

Sagst du kein Wort, mein Colonel?
Rataplan plan plan plan...

CHOR

Sagst du kein Wort, mein Colonel?
Rataplan...

GABRIELLE

II.

Es kamen Hauptleut', Generäl',
mir als Ersatz gefällig.
Doch Offiziere, meiner Seel',
find' ich jetzt unausstehlich.
Und überhaupt ist's offiziell,
daß mich nie mehr vermähl' ich.
Vom Himmel sieht er eventuell,

daß ich sonst ganz leutselig.
Er sagt kein Wort, mein Colonel,
und vielleicht stimmt es ihn fröhlich.

Sagst du kein Wort, mein Colonel?

CHOR
Sagst du kein Wort, mein Colonel?

GARDEFEU
Mesdames et Messieurs, das Diner ist serviert!

CHOR
Wir wollen manger, manger, manger...

GARDEFEU
Auf so was war ich nicht gefaßt.

BARON

Dieser Akzent ist kaum korrekt.
Die Gesellschaft hier – will mir scheinen –
ist etwas gescheckt!

GARDEFEU

Verlangen Sie bei diesen kleinen
Preisen mehr, als daß es schmeckt?

FRICK

O Sapperlot, o Sapperlot,
bringt jetzt die Suppe, sonst bin ich tot!
Hört nur, wie unsre Mägen knurren!
Da soll man warten und nicht murren!

CHOR

O Sapperlot, o Sapperlot!
Hört nur, wie unsre Mägen knurren!

GABRIELLE

TYROLIENNE

Auf der Berliner Brück'
dulie, dulie, dulie
Hab' ich doch immer Glück.
dulie, dulie, la la la
Mein Vater ist ein Schneider,
und ein Schneider ist er.
Und wenn er was schneidet,
so ist's mit der Scher'!
dulie dui dulie... la la...

DIE WITWE DES COLONELS

CHOR

dulie... la la...

BARON

Zu Tische!

CHOR

Zu Tische!
Hört nur, wie unsre Mägen knurren,
da soll man warten und nicht murren!

(Reprise der Tyrolienne. Allgemeiner Walzer. Tableau.)

LA VEUVE DU COLONEL

Moderato

1ᵉʳ COUPLET

Je suis veu‿ve d'un co‿lo‿nel Qui mourut à la guer‿‿‿re J'ai chez moi regret é‿ter‿nel Son casque sous un ver‿‿‿re Mainte‿nant je vis à l'hô‿tel Mais de tel‿le ma‿niè‿‿re Que de là haut du haut du Ciel sa demeu‿re der‿niè‿re Il est con‿tent mon co‿lo‿nel Il est con‿tent mon co‿lo‿nel où du moins où du moins où du moin je l'es‿pè‿re Es‿tu con‿tent mon co‿lo‿nel Es‿tu con‿

_tent mon co _ lo _ nel Es - tu con _ tent mon co _ lo _ nel Es - tu con_

_tent mon co _ lo _ nel ra plan plan plan plan plan plan plan plan plan

plan plan plan plan plan plan plan plan plan plan plan plan plan

plan plan plan plan plan plan plan plan plan plan plan plan plan

2ᵉ COUPLET

Pour rempla _ cer mon co _ lo _ nel Maint et maint té _ mé_

_rai _ _ _ re M'ont parlé d'amour d'un ton

tel qu'il m'ont mise en co _ le _ _ _ re J'ai par un

re _ fus si for _ mel repoussé leur pri _ e _ _ _ re Que de là

haut du haut du ciel sa demeu _ re der _ niè _ re Il est con _

DRITTER AKT

Der große Salon im Hôtel de Quimper-Karadec;
strenge Einrichtung, Familienporträts

I. SZENE

**URBAIN. PROSPER. PAULINE.
CLARA. LEONIE. LOUISE**
(Beim Aufgehen des Vorhangs sind alle beschäftigt, Kerzen anzuzünden,
Blumen in Schalen zu arrangieren usw. usw.)

ENSEMBLE
Keine Zeit ist zu verlieren,
denn man muß voll Hast
alle Räume dekorieren
für den noblen Gast.

(Bobinet tritt auf)

Nicht zu hell,
nicht zu grell,
originell konventionell.
Aber schnell!

II. SZENE

DIE VORIGEN. BOBINET

BOBINET

Nun, Kinder, bekommt der Salon allmählich ein Gesicht?

PAULINE

Sehen Sie sich's an, Monsieur!

BOBINET

Sehr schön! Aber zuerst muß ich das Personal mustern.
Schauen wir. Das weibliche zuerst... nicht übel, das
Stubenmädchen vor allem, nicht übel!...

PAULINE (bitter)

Und das bemerken Sie erst heute?

BOBINET (küßt sie)

Wahrhaftig, der Mensch ist ein Tor! Sucht das Glück in
weiter Ferne und es liegt so nah!... – Die Nichten des
Hausmeisters... allerliebst! (küßt sie) Der Mensch ist ein
Tor! Sucht das Glück... aber darum geht es im Moment
nicht. Hört zu, Freunde, ihr habt mich verstanden. Ich

erwarte von euch die exakte Kopie einer Soiree in der
feinen Welt... abgemacht?

PROSPER (kommt vor zu Bobinet)

Vollständig; Herren von größter Distinktion...

LEONIE

Damen der feinsten Creme...

BOBINET

Genau das!

URBAIN

Aber wo nehmen wir die Kostüme her?

BOBINET (zu den beiden Männern)

Die für die »Herren« habe ich mitgebracht... (zu den
Mädchen) Und was euch betrifft, schöne Damen, so stehen
euch doch die Toiletten eurer Herrschaft zu Gebot?

PAULINE

Aber sicher. Madame de Folle-Verdure trägt ihre Roben
immer nur einmal, höchstens!

LEONIE

Nachher gibt sie sie uns...

URBAIN

Monsieur macht das mit seinen Hosen leider anders.

BOBINET (zu Urbain)

Ausgezeichnet... Keine Zeit verloren, zieht euch jetzt um!

ALLE

Vorwärts! (falscher Abgang)

PROSPER

Halt! Zum Teufel noch mal, etwas fehlt doch noch!

BOBINET

Was denn jetzt noch?

PROSPER

Von dem Moment an, wo Ihre Dienstboten Ihre Gäste sind, haben Sie keine Dienstboten mehr; es sei denn, Sie haben Gäste geladen, die uns bedienen.

BOBINET

Alle Wetter, das stimmt!

ALLE

Das stimmt!

PROSPER

Unser Plan ist beim Teufel!

URBAIN

Nichts ist beim Teufel! Sie werden Ihre Gäste haben, und Sie werden Ihre Dienerschaft haben, – lassen Sie mich nur machen.

BOBINET

Ihr seid doch ein Personal, wie man es sich suchen kann!

SEXTETT

BOBINET
Ihr Freunde, mein Vertrau'n ist groß!

PROSPER
Oh, alles machen wir famos!

BOBINET
Sehr ungewohnt sind eure Rollen!

PAULINE
Das Ensemble schöpft aus dem Vollen!

I.

PROSPER
Bester Kreise
Redeweise

treffen wir Bedienten leicht,
die Fadesse
der Noblesse,
wie man viel mit nichts erreicht.
Wir studieren
beim Servieren
gnäd'gen Herr'n und gnäd'ge Frau.
Wie sich anstellt,
wer uns anstellt,
wissen wir doch ganz genau.
Wir erfassen
die Grimassen,
sind Minister in Kopie.
Die Frisuren,
die Amouren,
wir sind darin ganz wie sie.

BOBINET

Ihr seid darin ganz wie sie...

PROSPER

Wir sind darin ganz wie Sie!

Kurz, wir sind als Personal
auch für Komödien genial!
Wir spielen feine Welt,
wie bestellt.
Die Crême der Crême, wenn's gefällt,
wird treulich dargestellt!

ALLE

Wir werden Sie gewiß entzücken:
Das Personal –
steht hinterher in den Kritiken –
ist genial!

II.

PAULINE

Wir kopieren
die Manieren
unsrer Damen, wie's beliebt.
Mit uns werden
die Gebärden
ja im Spiegel eingeübt.
Zofen machen
in den Sachen
ihrer Damen sicher Staat.
Sie als Zofen, –
Katastrophen
wären da das Resultat.
Wir verzieren
sie und schnüren,
daß sie Euch den Kopf verdreh'n.
Die begehrten
und verehrten:
demaskiert sollt Ihr sie seh'n!

BOBINET

Demaskiert soll ich Sie seh'n?

PAULINE

Demaskiert sollt Ihr sie seh'n.

Kurz, wir sind als Personal
auch für Komödien genial!
Wir spielen feine Welt,
wie bestellt.
Die Crême der Crême, wenn's gefällt,
wird treulich dargestellt!

ALLE

Wir werden Sie gewiß entzücken:
Das Personal –
steht hinterher in den Kritiken –
ist genial!

(alle ab außer Bobinet)

III. SZENE

BOBINET, dazu **GARDEFEU**

BOBINET

Vorwärts, meine Freunde!

(Gardefeu tritt auf.)

GARDEFEU

Da bin ich, mein Lieber!

BOBINET

Und deine Baronin?

GARDEFEU

Ist in der italienischen Oper, ohne ihren Mann, wird also um Mitternacht nach Hause, allein nach Hause kommen.

BOBINET

Und was machst du für Fortschritte?

GARDEFEU

Urteile selbst: Diesen Morgen sagt sie zu mir: »Besorgen Sie einen Wagen, um drei Uhr fahren wir aus...« Ich lasse meine Kalesche anspannen und fahre um drei Uhr vor. Die Baronin erscheint, – ihr Mann mit ihr. Mir wäre es ja lieber gewesen, wenn er nicht mitgekommen wäre. Genug. Sie nehmen Platz und bitten mich, mitzufahren. Ich will in den Wagen einsteigen. »Holla, was soll das?« verlautet der Baron hochtrabend. »Setzen Sie sich gefälligst neben den Kutscher! Führen Sie uns in den Bois de Boulogne, um den See!« In den Bois de Boulogne... rund um den See... oben neben meinem Kutscher! Ich suchte dem Baron einzureden, der Bois de Boulogne sei aus der Mode und daß die Gesellschaft den Bois de Vincennes frequentiert. Der Bois de Vincennes sei sehr schön...

BOBINET

Man trifft dort Artilleristen und kann ihren Übungen zuschauen...

GARDEFEU

Genau, das habe ich ihm auch gesagt. »Ich will nun einmal zum Bois de Boulogne!« sagt dieser Mensch. »Fahren Sie zu!« Und wir fuhren zu... zum Bois de Boulogne. Was wollte ich machen? Auf alle Fälle habe ich

Effekt gemacht... Tout Paris war wie immer im Bois,
z. B. Carcasson, Bonnivet, Pitou.

BOBINET

Pitou? Ist der wieder hier?

GARDEFEU

Ja.

BOBINET

Und er hat mich nicht besucht!

GARDEFEU

Dann noch Lagingeole, Tristapatte und Doublemar...
Du, der hat sich vielleicht verändert!

BOBINET

Kann ihm nicht schaden... Hätte er früher machen
sollen... Also die ganze feine Welt war im Bois.

GARDEFEU

Und alle zu Pferd! Wie sie mich auf dem Bock neben dem
Kutscher sahen, waren sie zuerst einmal perplex, – dann
grüßten sie mich mit der Hand... so... und dann sind sie
hinter meinem Wagen hergeritten, im kurzen Trab. »Was
sind das für Leute?« schrie der Baron mir in den Rücken.
»Gute Freunde von mir... Lauter Oberkellner...« Wäh-
renddessen wurde unsere Eskorte immer größer. Vierzig
waren es wenigstens hinter dem Wagen. Das hat den
Baron verdrossen.

BOBINET

Das glaub' ich gern, daß es ihn gefuchst hat, wenn 40
Oberkellner hinter ihm herreiten!

GARDEFEU

Es hat ihn gefuchst, und er hat mir gesagt: »Ich habe
genug von Ihrem Bois de Boulogne! Was Sie da vorhin
von Artilleristen gesagt haben, bringt mich auf eine Idee:
Bringen Sie uns ins Artillerie-Museum!« Ins Artillerie-
Museum! Ich hatte keine Ahnung, wo das sein könnte,
mein Kutscher auch nicht. Aber ich konnte ja auch nicht
zugeben, daß ich es nicht wußte, als ihr Guide... Ich
habe also tapfer gesagt »Zu Befehl!« und habe sie ins
Kaufhaus Bonne-Nouvelle geführt! Das war mein
Tag!

BOBINET

Armer Freund!

GARDEFEU

Heute abend noch muß ich mich demaskieren, sonst geht
es morgen genauso.

BOBINET

Dein Baron muß eine Einladung bekommen haben...

GARDEFEU

Allerdings! »Admiral Walther gibt sich die Ehre, Herrn Baron von Gondremarck zur heutigen Soiree einzuladen.« Wer ist denn dieser Admiral Walther?

BOBINET

Du kennst den Admiral Walther nicht? Das bin ich! Ich habe die Uniform eines Schweizer Admirals, die ich erst einmal auf dem Maskenball anhatte. Die will ich wieder mal anziehen.

GARDEFEU

Du übernimmst meinen Baron also für heute abend?

BOBINET

Natürlich übernehme ich ihn. Aber die Soiree wird mager... Nur sieben Gäste...

GARDEFEU

Sieben...

BOBINET

Nicht einer mehr...

GARDEFEU

Ich schicke dir Madame de Sainte-Bonbonnière, dann seid ihr acht.

BOBINET

Ja, wenn wir acht wären... Wer ist diese Madame de Sainte-Bonbonnière?

GARDEFEU

Meine Handschuhmacherin. Ich würde dir ja auch Frick
schicken, meinen Schuster, aber dieser Mensch ist unmöglich. Stell dir vor, er wollte mitten beim Diner den
Baron von Gondremarck zwingen, die Schuhe auszu-
ziehen!

BOBINET

Schick mir den nur nicht! Ein Mensch, der den Braten
barfuß essen will!

GARDEFEU

Sei still!

BOBINET

So etwas wirkt unecht, weißt du... Und wir müssen
unbedingt alles so arrangieren, daß es möglichst echt
wirkt...

GARDEFEU

Sicher! Eine Unglaubhaftigkeit, und alles fliegt auf!

BOBINET

Verschwinde jetzt!

GARDEFEU

Ich verschwinde... Gib dir nur Mühe, daß Gondremarck recht lange hierbleibt...

BOBINET

Pauline soll ihn festhalten.

GARDEFEU

Pauline?

BOBINET

Ja. Das ist die Kammerzofe. Sie wird meine Admiralin sein... Du, die ist übrigens sehr hübsch.

GARDEFEU

Dann freilich!

(Prosper tritt ein und meldet.)

PROSPER

Monsieur le Baron de Gondremarck!

GARDEFEU

Ich geh' zur Baronin...

BOBINET

Und ich werfe mich in Uniform!

(Gardefeu geht rechts ab, Bobinet links. – Die beiden Türen fallen im selben Moment laut zu, in dem Gondremarck grüßend auftritt.)

IV. SZENE

BARON. PROSPER

BARON

Niemand da… Ich komme etwas zu früh, wie mir scheint. (zu Prosper) Frau Admiralin?

PROSPER

Pssst! (legt den Finger auf den Mund)

BARON

Wie?

PROSPER

Pssst!

BARON

Und der Admiral?

PROSPER

Er gibt gerade Befehle aus und ich gehe, Order zu holen.

(ab)

V. SZENE

BARON, später URBAIN und PROSPER

BARON

Ich bin zu früh gekommen, viel zu früh! Aber was wird man einem Fremden von Adel nicht alles verzeihen, der die feine Gesellschaft von Paris noch nicht kennt, wohl aber vor Neugierde brennt, sie kennenzulernen, nach all den seltsamen, höchst seltsamen Dingen, die er von ihr gehört hat? Heute vormittag erhielt ich diese Einladung: »Admiral Walther und Frau Walther geben sich die Ehre, Herrn Gondremarck...« Ich kenne keinen Admiral Walther, ich wußte nicht, ob ich annehmen sollte... Ich habe meinen Guide gefragt. »Gehen Sie hin!« meinte er. »Ich sage kein Wort mehr als: Gehen Sie hin!« – »Aber die Baronin ist nicht mit eingeladen!« – »Sie können Sie mitnehmen, wenn Ihnen daran liegt. Aber an Ihrer Stelle würde ich allein gehen...« Und bei diesen Worten machte er ein so verschmitztes Gesicht, daß ich tatsächlich vorzog, die Baronin nicht mitzunehmen.

(Urbain tritt ein in einer Livree, die ihm bis zu den Fersen reicht.)

URBAIN (meldet)

Der General Malaga de Porto-Rico!

(geht wieder ab)

URBAIN

(in der grotesken Uniform eines peruanischen Generals)

Monsieur...

BARON

General...

URBAIN

Monsieur de Gondremarck, ich täusche mich nicht!

BARON

Exzellenz kennen mich?

URBAIN

Ich kenne *alle* Gäste dieses Hauses. *Sie* kenne ich nicht –, daran erkenne ich Sie!

BARON

Welch ein Scharfblick! – (beiseite) Diese hohen Chargen!

PROSPER

(auch er in einer Livree, die bis zum Boden reicht)

Le Prince Adhémar de Manchabal, sonderbevollmächtigter Minister ohne Geschäftsbereich! (wieder ab)

URBAIN

(hindert den Baron daran, sich umzudrehen)

Der Fürst von Manchabal! Das Ideal eines Diplomaten, mit undurchdringlicher Miene! Ich werde Sie ihm vorstellen!

(Prosper tritt wieder ein, Halbhosen, gestickter Rock.)

PROSPER

Hm! Hm!

URBAIN (grüßt)

Mein Fürst!

PROSPER (ebenso)

Mein General!

URBAIN (stellt den Baron vor)

Le Baron de Gondremarck!

PROSPER

Sehr erfreut!

URBAIN (zum Baron)

Le Prince de Manchabal... (Gondremarck ins Ohr flüsternd) Der größte Diplomat der Gegenwart... (laut) Jetzt, Fürst, bitte ich, mich vorzustellen.

PROSPER (betont stotternd)

Le Général Malaga de Porto-Rico. (flüsternd) Der erste Tiktak...

URBAIN (verbessert)

Taktik!

PROSPER

Tiktaktiker unserer Zeit.

BARON

Der Fürst spricht etwas vo-vorsichtig. (für sich) Hier bin ich unter den höchsten Spitzen der Gesellschaft... (laut) Aber der Herr Gemahl und seine liebenswürdige Gemahlin?

PROSPER

Pssst!!!

URBAIN

Pssst!

BARON (beiseite)

Jetzt höre ich also die höchsten Kreise konversieren...
Da geht es um Themen wie Literatur, Wissenschaft,
Gesundheitspolitik...

PROSPER

Ja, hm, sagen Sie uns doch, wie es Ihnen in Paris gefällt!

BARON

Mon Dieu, mir scheint, daß man doch manchmal ein
wenig zu viel davon hermacht... Gestern zum Beispiel
ließ ich mir das Armeemuseum zeigen... Boulevard
Bonne-Nouvelle...

PROSPER und **URBAIN**

Boulevard Bonne-Nouvelle...

BARON

Also, ich hatte es mir ganz anders vorgestellt... Ich sah
eine Menge Kücheneinrichtungen, aber keine Kanonen.

PROSPER (lacht)

Da waren Sie wohl auch im Kaufhaus!

URBAIN (lachend)

Im Kaufhaus! Im Kaufhaus! Wenn Sie ins Armeemuseum gehen wollen...

PROSPER

Ich zeige es Ihnen mit Vergnügen!

URBAIN

Fürst, das werde ich nicht dulden!

PROSPER

Was denn, General!

URBAIN

Ich mache dem Herrn ein Angebot, und Sie schnappen
mir ihn weg.

PROSPER

Wer schnappt?

URBAIN

Der Herr Baron wird mit mir gehen!

PROSPER

Mit mir wird er gehen!

BARON

Aber, meine Herren, ich bitte Sie!

URBAIN

Nicht wahr, Herr Baron, Sie gehen mit mir!

PROSPER

Mit mir!

URBAIN

Das ist ja unerhört! Sie Ausverkaufs-Diplomat!

PROSPER

Sie Gäg – Gäg – General von Ramsch!

BARON

Aber meine Herren, meine Herren!

URBAIN

Oh, Frau Admiralin!

(Pauline ist in der Mitteltür erschienen. Atemberaubende Toilette. Urbain und Prosper gehen ihr entgegen, um dann wieder mit ihr nach vorn zu kommen.)

VI. SZENE

DIE VORIGEN. PAULINE

BARON

Oh, Frau Admiralin!

URBAIN (stellt ihn vor)

Monsieur de Gondremarck!

BARON

Ich erhielt Ihre bezaubernde Einladung, Madame, und eilte hierher!

PAULINE (sehr würdevoll)

Sie sehen mich hoch entzückt, Monsieur, daß Sie ausgerechnet mein Haus erwählten, um Ihre ersten Schritte in der hohen Pariser Gesellschaft zu machen.

BARON

Madame! (für sich) Ich atme auf. Das ist doch eher mein Stil. Während eben dieser General Ramsch... (laut) Und unser ausgezeichneter Herr Admiral, werde ich ihn nicht kennenlernen?

PAULINE

Er kann nicht kommen.

PROSPER

Warum denn?

PAULINE

Seine Uniform ist ihm zu eng geworden...

URBAIN

Er ist zu fett geworden.

(Es läutet.)

PROSPER und URBAIN

Sofort! Sofort!

BARON

Was heißt das?

(Es läutet stärker.)

PAULINE (zu Prosper und Urbain)

Seht ihr, er wird ungeduldig.

URBAIN und **PROSPER**

Wir kommen schon!

(Sie eilen hinaus; der Baron sieht ihnen verdutzt nach.)

VII. SZENE

BARON. PAULINE

BARON

Was soll das jetzt wieder?

PAULINE

Was ist Ihnen?

BARON

Der Fürst und der General haben uns auf sehr sonderbare
Weise verlassen, scheint mir.

PAULINE (schwärmerisch)

Und darüber beklagen Sie sich?

(tiefer Blick, stummes Spiel)

BARON

Aber durchaus nicht! (für sich) Das wäre also eine von den
Damen der Pariser Gesellschaft!

PAULINE (für sich)

Ich soll ihn so lange aufhalten wie möglich...

BARON

Oh, diese Pariserinnen!

PAULINE

Kommen Sie, Baron, setzen Sie sich zu mir... Näher...
nur näher... (Er setzt sich. Sie setzt sich zu ihm aufs Kanapee und
bedeckt Gondremarck mit ihrem Kleid, als sie die Krinoline arrangieren
will. Er verschwindet völlig.) Wo sind Sie denn?

BARON (arbeitet sich heraus)

Hier, Madame!

PAULINE

Schön! Ich bin überzeugt, Sie denken recht schlecht von
mir!

BARON

Wer? Ich?

PAULINE

Ja ja. Sie denken: Diese Damen von Welt sind kokett,
verschwenderisch, überspannt...

BARON

Oh, oh!

PAULINE

Sie haben ja recht, aber wer trägt die Schuld? Unsere moderne Gesellschaft! Sie räumt den Frauen nur ein kleines, ungenügendes Plätzchen ein.

BARON

Was das betrifft...

PAULINE

Sie glauben mir nicht?

BARON

(sieht auf den Raum, den ihre Röcke einnehmen)

Ich bezog mich auf das kleine, ungenügende Plätz-chen...

PAULINE

(gibt ihm einen leichten Schlag auf den Magen)

Schäker, Sie!   (Sie steht auf.)

BARON

Madame!

PAULINE

Ja ja. Es ist schon wahr, was man von uns Frauen sagt; aber wenn man wüßte... nur weiß es niemand... Woher all diese Torheiten? Weil wir uns betäuben müssen... weil wir leiden... weil uns etwas fehlt...

BARON

Was denn?

PAULINE (schwärmerisch)

Oh, warum fragen Sie mich das?

BARON (feurig)

Ich wüßte es gern.

PAULINE

Nun, also, uns fehlt eben das... (feuriger Blick) wovon wir träumen.

BARON

Dieser Blick!

PAULINE

Sie wissen, als junges Mädchen träumt man von einem Ideal, aber als junges Mädchen kann man kein Ideal suchen... das ist das Übel!... Dann heiratet man, um das Recht zum Suchen zu haben, und dann sucht man...

BARON

Darum sind Sie also vermählt!

PAULINE

Eben darum!

BARON

Und Sie haben gesucht!

PAULINE

Wenn ich es Ihnen sage. Aber ich habe mein Ideal noch nicht gefunden... (zärtlicher Blick) ... bis heute...

BARON (überschwenglich)

Aber heute!

PAULINE

Das habe ich nicht gesagt…

BARON

Sie haben es gesagt…

PAULINE (schlägt ihn wieder auf den Magen)

Oh nein!

BARON

Oh ja!

PAULINE (erneuter Schlag)

Ich habe es nicht gesagt!

BARON (klopft sie auf die Schulter)

Sie haben es doch gesagt!

PAULINE (traurig und stolz zugleich)

Oh, Sie verachten mich schon!

BARON (konfus)

Madame!

PAULINE (leicht)

Ich heiße Pauline.

BARON

Pauline!

PAULINE (betrachtet ihn, für sich)

Der hat keine Lust, wegzugehen.

BARON (für sich)

Wie gut, daß ich nicht mit der Baronin gekommen bin…
(laut) Ach, warum bin ich nur verheiratet!

PAULINE

Schließlich bin ich es ja auch...

BARON

Das ist wahr. Wie dumm von mir, das zu sagen!

PAULINE

Nein, das Hindernis liegt woanders.

BARON

Das Hindernis?!

PAULINE

Ich muß Ihnen mißtrauen.

BARON

Oh!

PAULINE

Sie sind hier bei mir, Sie sehen mich an, ich sehe Sie an. Nun, soll ich es Ihnen sagen? Sie machen mir

nicht den Eindruck eines Mannes, der weiß, was wahre
Liebe ist.

BARON

Ich? Ich wüßte nicht?

DUETT

I.

PAULINE

Die Liebe ist wie eine Leiter.
Immer weiter
steigt sie empor zum Himmelszelt.
Als Wolke kann sie sich erheben
und entschweben
bis zum blauen Ende der Welt.

BEIDE

Laß in die Weiten
dich begleiten!
Wir flögen gern mit dir, mit dir, mit dir!
Wir woll'n entflieh'n von hier!

II.

PAULINE

Ach, wären wir bald in den milden
Glücksgefilden!
Dort lebt man ewig unbeschwert.
Zur Seligkeit, zum Paradiese,
trägt die Brise
unser luft'gès Wolkengefährt.

DER DIPLOMAT

BEIDE

Laß in die Weiten
dich begleiten!
Wir flögen gern mit dir, mit dir, mit dir!
Wir woll'n entflieh'n von hier.

VIII. SZENE

DIE VORIGEN. CLARA. LOUISE. LEONIE.

PROSPER (als Bedienter)

PROSPER (meldet)

Madame la Vicomtesse de Grand-Marnier!

(Clara tritt in großer Toilette auf.)

BARON

Es kommt jemand!

PAULINE

Das wundert mich nicht. Allein mit Ihnen, – solch ein
Glück kann nicht von Dauer sein! (zu Clara) Liebste
Vicomtesse!

PROSPER (meldet)

Madame la Baronne de la Haute-Couture!

(Louise tritt auf.)

Madame la Marquise de la Farandole!

(Léonie tritt auf.)

PAULINE

Liebste Baronin! Liebste Marquise!

LEONIE

Teure Admiralin! Sie strahlen Glück und Zufriedenheit aus!

PAULINE

Ich strahle?

LEONIE

Ungemein!

PAULINE

So bin ich verloren! (voll Noblesse) Monsieur le Baron de Gondremarck!

DIE FRAUEN

Baron!

BARON

Meine Damen!

PROSPER (meldet)

Madame de Sainte-Bonbonnière... Der General Malaga de Porto-Rico, bereits gemeldet!

(Gabrielle erscheint am Arm von Urbain.)

IX. SZENE

VORIGE. GABRIELLE. URBAIN (als General)

URBAIN (beim Auftritt)
Es werden Preise verliehen! Man wird uns umarmen!

BARON (zu Gabrielle)
Oh Madame, welch ein glücklicher Zufall!

PAULINE (eifersüchtig)
Sie kennen Madame bereits?

BARON
Oberflächlich!

PAULINE
Ich verbiete Ihnen, sie anzusehen! (zu Gabrielle) Liebste
Madame!

GABRIELLE
Madame...

PAULINE
Welch überwältigende Toiletten, meine Damen, welche
Toiletten! Finden Sie nicht auch, Baron?

BARON
Ich finde sie bewundernswert... Aber noch besser gefällt es mir, wie sich die Pariserinnen anziehen, um zu
Fuß auszugehen... Heute mittag zum Beispiel bin ich
ausgegangen... Ich wollte den Invalidendom besuchen... Unterwegs begegnete mir eine Menge allerlieb-

ster kleiner Damen... und sie trippelten, trippelten,
trippelten... Den Invalidendom habe ich ausfallen
lassen...

GABRIELLE

Welche Beobachtungsgabe! Wahrhaftig, zu Fuß können
nur echte Pariserinnen ausgehen!

COUPLETS

I.

Wem sie gefällt,
die Damenwelt,
der muß sich auf die Füße machen,
flanieren gehn.
Da kann man sehn
die zierlichsten und schönsten Sachen.
In kurzem Schritt
mit leichtem Tritt
sieht man die Damenwelt passieren,
das Kleid verkürzt,
graziös geschürzt,
den Fuß recht hübsch zu produzieren.
Die Herren schau'n bewundernd zu,
und es durchfährt sie wie ein Schock.
Die Röcke rauschen froufroufrou,
die Füßchen klappern toctoctoc.

ALLE

Die Röcke rauschen froufroufrou,
die Füßchen klappern toctoctoc!

II.

GABRIELLE

Da pfeift wohl wer?!
Als ob nichts wär,
folgt sie geradeaus ihrer Nase!
Um sie herum

bleibt keiner stumm,
die Herren murmeln in Ekstase.
Nicht einen Blick
wirft sie zurück,
wenn sie umschwärmt der Stutzer Menge.
Sie balanciert
und promeniert
voll Grazie mitten durchs Gedränge.

Die Herren schau'n bewundernd zu...

ENSEMBLE

Die Röcke rauschen froufroufrou...

X. SZENE

DIE VORIGEN. PROSPER, dann **BOBINET** als Schweizer Admiral,
Sporen, Epauletten, Fantasieorden, in der Hand ein Megaphon;
ein großes Loch im Rücken.

PROSPER

Ach, meine Damen, meine Herren!

PAULINE

Was gibt es, Fürst?

PROSPER

Wenn Sie wüßten!

PAULINE

Um Gottes willen, ist ein Unglück geschehen?

PROSPER

Der Admiral... Meine Herrschaften, der Admiral...

ALLE

Reden Sie!

PROSPER

Da ist er.

ALLE

Der Admiral! Der Admiral! (Sie laufen auseinander, stolpern über
die Möbel und machen die Mitteltür frei.)

BOBINET (tritt auf)

Gott grüße Sie, Herrschaften! (ist nach vorn gekommen) Endlich bin ich doch in die Uniform gekommen. Und sonderbarerweise scheint sie mir auf einmal zu passen...

PAULINE

Bester, das ist Monsieur de Gondremarck.

BOBINET

Der liebe Baron! (um Gabrielle und Clara zu begrüßen, geht Bobinet vor dem Baron vorbei, der dadurch das Loch sieht.)

SEXTETT

BARON

Admiral, Ihr Rock ist hinten leck, hinten leck!

PAULINE

Herr Gemahl, Ihr Rock ist hinten leck!

BOBINET

Verdammt noch mal, mein Rock ist hinten leck!

ALLE

Herr Admiral, Ihr Rock ist hinten leck!

BARON

Ganz entzwei ist der Rock im Rücken.

PAULINE

Der Feind zerstörte ihm das Heck!

BARON

So ein Loch, das kann man kaum mehr flicken!

GABRIELLE

Das Loch ist mit Ehre bedeckt!

ENSEMBLE

Fürwahr der Frack
ist schon ein Wrack!
Admiral, Ihr Rock ist hinten leck!...

BARON

Bei Gott! Mein bester Admiral!

PAULINE (leise zu ihm)

Sie wollen mit meinem Gatten reden?

BARON

Ja. Ich wollte...

PAULINE

Versprechen Sie mir, ihn nicht zu provozieren!

BARON

Wo denken Sie hin! Sie sollen sehen... (geht zu Bobinet) Sie
tragen ja famose Sporen!

BOBINET

Steh'n mir prächtig, nicht wahr?

BARON

Zugegeben. Aber ich glaubte bisher, ein Admiral trägt keine Sporen...

BOBINET

Ja, in Ländern, die eine Marine haben, mag das so sein. Aber die Schweiz hat ja keine...

BARON

Richtig, aber gerade dann...

BOBINET (hoheitsvoll)

Gerade dann?

BARON

Wenn die Schweiz keine Marine hat, wie können Sie da Admiral sein?

BOBINET

Ich bin Admiral von Geburt!

BARON (für sich)

Ein sonderbarer Admiral!

BOBINET

Aber jetzt, General, bitte zu läuten, damit man uns das Souper serviert.

URBAIN

Läuten?!

PROSPER

Wozu denn läuten?

PAULINE

Wenn wir läuten, kommt die Dienerschaft.

LOUISE

Und da kann man sich nicht mehr ungeniert amüsieren.

GABRIELLE

Sehr wahr. Wenn die Domestiken dabei sind, kann man nicht mehr ungezwungen reden.

PROSPER

Also schicken wir die Dienstboten weg!

ALLE

Ja, ja, keine Dienstboten!

BOBINET

Schicken wir sie weg!

ALLE (rufen zu den Türen)

Sie können gehen! Sie haben Ausgang!

(Der Baron beobachtet dies verwundert.)

PAULINE

Sie sind schon fort.

PROSPER

Wir werden uns selber bedienen. Holen wir die Speisen, Freunde, wir wollen decken!

PAULINE

Bitte, Baron, helfen Sie decken!

BARON

Ich soll tatsächlich...

PAULINE

Aber wenn ich Sie bitte!

BARON

Pah! Ich gehe mit, die Speisen holen!

(ab)

PAULINE (zu den Damen)

Ihr kennt die Parole: dieser Baron darf nicht fort von hier!

LEONIE

Wie halten wir ihn aber fest?

GABRIELLE

Zuerst einmal lassen wir ihn sich einen antrinken.

PAULINE
Machen wir ihn blau!

GABRIELLE
Nützt es nichts, so schadet es nichts!

(Die Herren bringen drei kleine Tische. Während des folgenden Ensembles sitzt man folgendermaßen: links Prosper, Clara und Louise, in der Mitte Gabrielle, der Baron und Pauline, rechts Bobinet, Urbain und Leonie.)

FINALE

ENSEMBLE
Zu Tisch, zu Tisch! Esset und trinkt!
Seht, die Freude der Tafel winkt.
Eilt, Champagner uns einzuschenken,
daß er allen uns munde in der Runde!
Aber laßt uns dabei bedenken:
Zuviel ist im Grunde ungesund!

BARON (zu Pauline)
Woll'n meinen Arm Sie nehmen?

PAULINE
Das fragen Sie, Baron?

PROSPER
Mit mir sich zu bequemen...

CLARA
Mein Fürst, da bin ich schon!

BOBINET

Hochgeschätzte Comtesse!

LEONIE

Schweigen Sie, Admiral!

URBAIN

Soviel Delikatesse!

GABRIELLE

Sie schmeicheln, General!

ENSEMBLE

Eilt, Champagner einzuschenken...

BOBINET

Ich muß nicht strategisch Sie einweih'n,
Wir greifen an, Sie sagen wo!

URBAIN

Beim Champagner!

ALLE

Beim Champagner!

BOBINET

Und Sie, und Sie?

PROSPER

Nein, beim Rheinwein!

BOBINET

Und Sie, und Sie?

PAULINE

Beim Bordeaux!

BOBINET

Baron, und Sie?

BARON

Kein Plan!

ALLE

Haha!

BARON

Keinen Wein laß ich aus!

PROSPER

Solch einem Kenner zollt Applaus!

BARON

Daß unserm Fest der Spaß nicht fehlt,
Woll'n wir den Wein mit Witz verbinden!
Jeder soll ein Bonmot erfinden!

ENSEMBLE

Jeder soll ein Bonmot erfinden!

I.

BOBINET

Ist auch eine Naht mir gerissen,
bleibt doch meine Ehre intakt.
Leicht kann ich das Hinterteil missen,
Vorn ohne Orden wär ich nackt!

PROSPER

Stoßen wir als dankbare Gäste
auf die lieben Gastgeber an!
Er bewirtet uns auf das Beste,
und sie zieht uns in ihren Bann.

ENSEMBLE

Ah! Ah!
Wir entgleisen...
Wir taumeln, taumeln, taumeln,
wir kreisen, kreisen, kreisen...

PROSPER

Und wie ein Luftballon
fliegt mir mein Kopf davon!

II.

URBAIN

Dürre Blumen können nicht sprossen,
dürre Blumen welken dahin.
Hier werd ich genügend begossen,
hier will ich gerne Wurzeln zieh'n!

GABRIELLE

Das macht man verkehrt, wie ich meine,
uns Parisern fehlt rechtes Maß!
Im Humpen bringt man sauere Weine,
den besseren im kleinsten Glas!

ENSEMBLE

Ah, ah! – Wir entgleisen...

PAULINE

Hoch der Baron!

CLARA

Hoch der Baron!

LEONIE

Hoch der Baron!

LOUISE

Hoch der Baron!

BARON

Allen Damen meine Ovation!
Auf die Marquise! Auf die Baronin!
Auf Vicomtesse!

BOBINET

(ebenso beschwipst wie der Baron)

Baron, sympathisch find' ich dich!
Ich will dieses Glas auf dich heben!

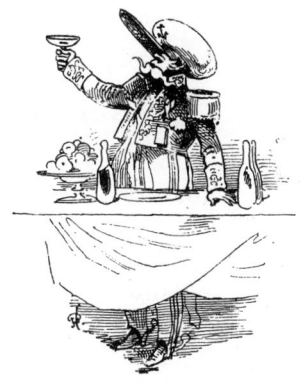

BARON

Admiral, ich lasse dich leben!
Aufs Wohl deiner Gattin trink' ich!

ENSEMBLE

Hoch der Baron!

BARON

So viel wie Sie trink' lang ich schon!

PROSPER

Er ist blau!

BOBINET

Er ist blau!

ENSEMBLE

Er ist blau, vollkommen blau!

URBAIN

Er ist blau!

BARON

Nein, nicht blau!

BOBINET

Er ist blau!

BARON

Ihr seid blau, seid alle blau!

ENSEMBLE

Er ist blau,
vollkommen blau!

GABRIELLE

Etwas, Freunde, find' sehr kurios ich,
Es werd' ein andrer daraus schlau:
Dieses Leben erscheint mir rosig,
aber erst, seit ich selber blau!

REPRISE DES ENSEMBLES

Er ist blau...

(Anschließend im Polka-Rhythmus Reprise des Ensembles:
»Wir entgleisen...« Alle sind völlig betrunken.)

SCHLUSSCHOR

Jetzt geht's los,
rettungslos
trinkt Ekstase
aus dem Glase!

(Wilder Tanz – Tableau)

COUPLETS DE L'UNIFORME

Allegro.

1ᵉ COUPLET

En en_dos_sant mon u _ ni_for_me Je vis qu'il n'é_
_tait pas com_plet Je m'a_per_çus la _ cune é_nor_me Que
je n'a_vais pas mon plumet De nos hô_tes chantons la gloi_re
Tout deux ils sa _ vent nous charmer Oui tous deux car
l'un nous fait boi_re Et l'autre el _ le nous fait ai _ mer Ah!
ah ça commen_ce ça com_men _ ce Tout
tour _ ne tour _ ne tour _ ne tout dan _ se dan _ se
dan _ se Et voi _ la dé _ jà que ma tê_
_te s'en va El _ le s'en va El _ le s'en va Et

voi _ là dé_jà Que ma tê _ te s'en va Mais oui el _ le s'en

va Tout tour _ ne tour _ ne tour _ ne Tout

dan _ se dan _ se dan _ se Et voi _ là dé_jà que ma tê_

_te s'en va, El le s'en va El _ le s'en va Et

voi _ là dé_jà que ma tê_te s'en va Mais oui el _ le s'en va

2e COUPLET

Vo_lon_tiers je fais longue pause Quand on me ver_

_se du bon vin Je prends ra _ cine où l'on m'arro _ se Com_

_me u_ne fleur dans un jar_din Ce que je ne

m'expli_que guè _ res C'est pourquoi l'on boit à Pa_ris Le

mauvais vin dans les grands verres Et le bon vin dans les petits Ah!

VIERTER AKT

Zimmer bei Gardefeu wie im 2. Akt.
Die Kerzen brennen. Mitternacht

I. SZENE

GARDEFEU. ALPHONSE
(Es läutet an der Haustür.)

GARDEFEU

Das ist die Baronin… Sie kommt aus der Oper…
Alphonse, Alphonse! Hörst du nicht, daß es läutet! Du
gehst hinunter, du öffnest, und dann…

ALPHONSE

Und dann?

GARDEFEU

Dann setzt du dich in den Wagen und fährst zur Porte
Saint-Martin. Dort wirst du das Kammermädchen der
Frau Baronin finden. Du sagst ihr, daß ihre Herrschaft
nach Versailles gefahren wäre... Du bringst sie also nach
Versailles. Ihr nehmt den letzten Zug, er fährt kurz vor
eins.

ALPHONSE

Und in Versailles?

GARDEFEU

Das Kammermädchen bringst du im Hotel des Réser-
voirs unter. Du selber kannst dir ein Hotel aussuchen. (Er
gibt ihm Geld.) Mache zu!

ALPHONSE

Also, Monsieur, gestatten mir...

(Es läutet stärker.)

GARDEFEU

Beeile dich! Hörst du nicht, daß man wartet!

(Alphonse ab)

II. SZENE

GARDEFEU

Wir nähern uns dem Drama; ich bin den Gatten los, ich
habe die Diener weggeschickt, ich habe die Klingelschnüre durchgeschnitten... und ich habe ein kleines
Souper à deux vorbereitet... Wenn ich nichts erreiche, so

brauche ich mir wenigstens keine Vorwürfe zu machen.
Das wird mich trösten...

(Die Baronin tritt ein.)

III. SZENE

BARONIN

Oh, Sie sind noch im Dienst?!

GARDEFEU

Zu Befehl, Frau Baronin, ich wartete auf Ihr Kammermädchen.

BARONIN

Wie, ist mein Kammermädchen nicht da?

GARDEFEU

Nein, gnädige Frau, sie ist ausgegangen.

BARONIN

Wieso das?

GARDEFEU

Ja, hm... wieso... Da kam ein Soldat, sagte zu Ihrem
Kammermädchen: »Woher sind Sie?« und sie antwortete: »Aus Stockholm.« »Was für ein Zufall«, erwiderte der
Soldat, »da sind wir ja Landsleute!« Und dann gingen sie
aus.

BARONIN

Merkwürdig.

GARDEFEU

Was finden Sie daran merkwürdig?

BARONIN

Mein Kammermädchen ist aus Uppsala... Und sie ging
einfach aus?

GARDEFEU

Ja. Aber ich denke, sie wird wiederkommen. Eigentlich
unmöglich, daß sie nicht bald wiederkommt...

BARONIN

Ist denn mein Mann schon zurück?

GARDEFEU

Noch nicht, Madame!

BARONIN

Sie sagen das mit einem Ton...

GARDEFEU

Ich kann es nicht ohne einen Ton sagen, Madame. Sie
fragen: »Ist denn mein Mann zurück?« Ich antworte
Ihnen: »Noch nicht, Madame!«

(Es läutet.)

BARONIN

Man läutet!

GARDEFEU (für sich)

Was kann das sein? (laut) Sie glauben, Madame?

BARONIN

Was heißt, ich glaube! (Es läutet wieder.) Hören Sie nicht?

GARDEFEU

Das ist nicht hier. Wenn es hier läutet, hört man nämlich
nie etwas.

BARONIN

Aber sicher läutet es hier! Öffnen Sie schon... es wird
mein Mann sein.

GARDEFEU (für sich)

Diese Stümper! Lassen ihn entwischen!

(Es läutet Sturm. Gardefeu ab)

IV. SZENE

BARONIN

Was soll das alles bedeuten? Dieser Führer hat sonderbare Manieren... Überhaupt kommt mir Paris sehr merkwürdig vor. Eben, als ich aus dem Theater kam, kommt
ein junger Mann an den Wagen, drückt mir ein Briefchen
in die Hand, sagt mir »Lesen Sie« und verschwindet
sofort wieder... Eine ungewöhnliche Stadt, aber sie ist
charmant, das muß ich gestehen. Dieser Abend im
Théâtre des Italiens wird mir ewig in Erinnerung bleiben. Dieser Glanz! Diese Lichter!

RONDEAU

Ich bin noch immer ganz geblendet!
Das war vollendet!
All diese Lichter!
Und all der Glanz!
Die Pracht hat mir den Sinn verrückt,
mich fast erdrückt!
Das war Paris, war Eleganz!
Als ich den hohen Raum erblickte,
verschlug es mir die Sprache fast.
Und doch, der Saal, der reich geschmückte,
ist vor dem Publikum erblaßt.
Die Loge hatt' ich kaum betreten,
als sich schon drehten
die Lorgnons der Herren auf mich.
Doch wie schad', denn man schaut' nach neben-
an, wo eben

zwei große Damen zeigten sich.
Beide schön, wahrlich zum Beneiden,
und von Brillanten strotzend schier.
»Ach«, so fragt’ ich, »wer sind die beiden?«
Da gab man diese Antwort mir:
»Von leichter Sorte ist die eine,
hat, wie ich meine,
die meisten Herr’n beglückt im Saal.
Die andre aber, ohne Tadel,
von höchstem Adel,
hat einen Staatsmann zum Gemahl.
Nun aber, prüfen Sie sorgfältig
und sagen Sie in kurzer Frist,
wer von den beiden hier halbweltig
und wer die echte Dame ist!«
Ich fand rein nichts an Schmuck und Kleidung
zur Unterscheidung,
sie wirkten beide gleich kokett.
Verführend winkten beide lächelnd
– sich lässig fächelnd –
denselben Herren im Parkett.
»Diese hier«, sprach ich, »ist die Echte«,
und zeigt’ auf eine blindlings hin.
Doch leider traf ich nicht die Rechte.
Es war die Demimonderin!
Und während all dem sang Rosine
mit heit’rer Miene
Rossinis Arien, reich verziert.
Das wirkte auf die Hörer magnetisch,
und ganz frenetisch
hat man der Patti applaudiert.

Auch ich gefiel, ich darf's gestehen,
denn beim Hinausgeh'n drängten sich
die Stutzer, wohl um mich zu sehen.
»Charmant! Sehr charmant! Ganz charmant!«
Gemeint war ich!
Ach!

Ich bin noch immer ganz geblendet!
Das war vollendet!
All diese Lichter, und all der Glanz!
Die Pracht hat mir den Sinn verrückt,
mich fast erdrückt!
Das war Paris, war Eleganz!
Pariser Eleganz!

V. SZENE

BARONIN. GARDEFEU

GARDEFEU (völlig verwirrt)

Madame... Madame!

BARONIN

Nun?

GARDEFEU

Es ist nicht Ihr Kammermädchen!

BARONIN

Also ist es mein Mann.

GARDEFEU

Es ist erst recht nicht Ihr Mann, Madame...

BARONIN

So sagen Sie doch endlich, wer es ist!

GARDEFEU

Es sind zwei Damen, welche Sie zu sprechen wünschen;
ich habe ihnen natürlich gesagt, daß das zu so später
Stunde unmöglich sei... aber sie ließen nicht locker...
besonders die eine scheint mit ungewöhnlicher Energie
begabt... Ich werde sie abweisen, nicht wahr?

BARONIN

Bewahre! Ich muß doch erst wissen...

(Madame de Folle-Verdure tritt auf.)

VI. SZENE

DIE VORIGEN. MADAME DE QUIMPER-KARADEC.
MADAME DE FOLLE-VERDURE

MADAME DE FOLLE-VERDURE
Da! Genau wie ich sagte!

BARONIN
Meine liebe Julie!

MADAME DE FOLLE-VERDURE
Liebe Christine! Kommen Sie, meine Tante, kommen
Sie nur!
(Madame de Quimper-Karadec tritt auf.)

MADAME DE QUIMPER-KARADEC
Da bin ich schon! (zu Gardefeu) Was wollte uns dieser
Bursche für einen Bären aufbinden!

GARDEFEU (für sich)
Das ist die mit der Energie!

MADAME DE QUIMPER-KARADEC (zu ihrer Nichte)
Stell mich vor, mein Kind!

MADAME DE FOLLE-VERDURE
Liebe Christine, das ist meine Tante, Madame de Quimper-Karadec... Meine Tante, das ist Madame la Baronne
de Gondremarck...

MADAME DE QUIMPER-KARADEC

Madame...

BARONIN

Madame...

MADAME DE QUIMPER-KARADEC

Sie sind gewiß überrascht, daß wir Sie mitten in der Nacht besuchen?

GARDEFEU

Allerdings.

MADAME DE QUIMPER-KARADEC

Was heißt das? Ist dieser Bursche in Ihren Diensten?

BARONIN

Ja, er ist unser Führer. Er hat uns in diesem Hotel untergebracht.

MADAME DE QUIMPER-KARADEC

Dann, mein Bester, reservieren Sie mir gleich zwei Zimmer. Wir bleiben diese Nacht hier.

GARDEFEU

Hier?

MADAME DE FOLLE-VERDURE (zur Baronin)

Das überrascht dich gewiß noch mehr. Aber du sollst alles erfahren.

MADAME DE QUIMPER-KARADEC

Machen Sie schon voran!

GARDEFEU

Das ist unmöglich.

DER BRASILIANER

MADAME DE QUIMPER-KARADEC

Unmöglich? Sind wir in einem Hotel oder nicht?

GARDEFEU

Sie sind in einem Hotel, gewiß; aber es ist voll, das Hotel... Es ist voll von oben bis unten... Und daher...

MADAME DE FOLLE-VERDURE

Das ist ärgerlich.

BARONIN

Keine Sorge! Ich teile gerne mein Appartement mit Ihnen.

GARDEFEU (entschieden)

Das fehlt gerade noch!

MADAME DE QUIMPER-KARADEC

Was heißt »Das fehlt gerade noch!«? Bei Gott, er hat gesagt: »Das fehlt gerade noch!«

GARDEFEU

Ich wollte damit ausdrücken, daß die Damen nicht hierbleiben können. Aber wenn es Ihnen recht ist, werde ich mich um Zimmer in einem anderen Hotel bemühen.

MADAME DE FOLLE-VERDURE

Dann müssen wir Christine nicht behelligen... das wird besser sein.

MADAME DE QUIMPER-KARADEC

Also gut, bleiben wir dabei. Kümmern Sie sich darum, Männchen! Aber mit Beeilung!

GARDEFEU

Seien Sie unbesorgt, ich werde keine Sekunde verlieren! (für sich) Das geht leichter, als ich dachte. Ich nehme zwei Zimmer im nächsten Hotel und bin sie los.

(ab)

VII. SZENE

MADAME DE QUIMPER-KARADEC. MADAME DE FOLLE-VERDURE. DIE BARONIN

BARONIN

Setzen wir uns, bis er wiederkommt, Mesdames, und erzählen Sie mir jetzt...

MADAME DE FOLLE-VERDURE

So höre denn: Gestern bekommt meine Tante die Idee, einen Tag früher als vorgesehen nach Paris zurückzukehren. »Ich möchte doch sehen«, sagte sie, »wie sich unser Personal in der Stadt während unserer Abwesenheit aufführt.«

MADAME DE QUIMPER-KARADEC

Und der Versuch ist gelungen, ich darf sogar sagen: es war ein voller Erfolg!

MADAME DE FOLLE-VERDURE

Wir kommen an unser Haus...

MADAME DE QUIMPER-KARADEC

Alle Fenster sind erleuchtet...

MADAME DE FOLLE-VERDURE

Bacchanalisches Geschrei tönt uns entgegen... Die Türe ist halb offen, und was erblicken wir? Unsere Kammermädchen und Domestiken geben sich mit irgendwelchen Freunden einem zügellosen Tanz hin!

MADAME DE QUIMPER-KARADEC
Es war ein Cancan. Sie wissen nicht, was das ist, aber ich weiß es! »Schließe die Augen, Julie!« rief ich, riß sie mit mir fort und ließ mich zum Polizeidirektor führen.

MADAME DE FOLLE-VERDURE
Dort trafen wir eine Art Sekretär, der uns abwimmeln wollte. Der Direktor schliefe bereits...

MADAME DE QUIMPER-LARADEC
Ich sagte: »Er soll aufstehen! Eine Dame verlangt nach ihm!« Er stand auf, erschien und fragte: »Wo ist die Dame?« »Ich bin die Dame!« sage ich und bitte ihn, eine Korporalschaft seiner Leute zu mir zu schicken, um das Gesindel an die Luft zu setzen.

MADAME DE FOLLE-VERDURE
Er zögert...

MADAME DE QUIMPER-KARADEC
Ein Lächeln stimmt ihn um...

MADAME DE FOLLE-VERDURE
Er schickt seine Leute, aber wo sollten wir während dieser Expedition bleiben? – Da fielst du mir ein. Ich hatte deinen Brief mit deiner Adresse erhalten. Ich sagte zu meiner Tante: »Gehen wir in das Hotel, wo meine Freundin wohnt.«

BEIDE

Und da sind wir.

MADAME DE FOLLE-VERDURE

Fast möchte ich unseren Leuten dankbar sein, denn schließlich habe ich ihretwegen 24 Stunden früher das Plaisir, dich zu umarmen, liebe Christine! Aber jetzt mußt du erzählen! Wie gefällt es dir hier, was hältst du von den Pariser Herren?

BARONIN

Ich finde sie äußerst impertinent!

MADAME DE FOLLE-VERDURE

Aha, du hast es schon bemerkt.

MADAME DE QUIMPER-KARADEC

Das ist schnell gegangen!

MADAME DE FOLLE-VERDURE

Und welcher Impertinenz hat man sich schuldig gemacht? Erzähle!

MADAME DE QUIMPER-KARADEC

Ja, erzählen Sie uns das, es interessiert mich. Sie glauben nicht, wie mich dergleichen Geschichten interessieren! War sie sehr impertinent, diese Impertinenz?

BARONIN

Ich will sie nicht damit langweilen...

MADAME DE QUIMPER-KARADEC

Aber im Gegenteil...

BARONIN

Ich glaube schon...

MADAME DE QUIMPER-KARADEC

Bestimmt nicht!

BARONIN

Ich glaube doch! Eben erst hat mir ein junger Mann einen Brief in die Hand gedrückt.

MADAME DE QUIMPER-KARADEC

Nicht übel, nicht übel! Und was enthielt dieser Brief? Sie haben ihn doch noch?

BARONIN

Hier ist er.

MADAME DE QUIMPER-KARADEC

Noch nicht einmal geöffnet! Unglaublich! Lesen Sie ihn, ich flehe Sie an, lesen Sie ihn!

BARONIN

Wenn Ihnen derart daran liegt, Madame, gerne. (öffnet den Brief)

MADAME DE QUIMPER-KARADEC

Jetzt wird es interessant!

BARONIN (überfliegt den Brief)

Oh!

MADAME DE QUIMPER-KARADEC
Was schreibt er?

BARONIN
Oh!

MADAME DE FOLLE-VERDURE
So sprich doch!

MADAME DE QUIMPER-KARADEC
Sie will mich umbringen, deine Freundin legt es darauf
an, mich umzubringen!

BARONIN
Dieser Brief ist gar nicht von einem Mann. Er ist
unterschrieben: Metella.

MADAME DE QUIMPER-KARADEC
So kann nur eine Kokotte heißen!

BARONIN
Die Dame teilt mir mit, daß der Herr, der sich auf dem
Bahnhof uns gegenüber als Fremdenführer ausgegeben

hat, niemand anderes sei, als der durch seine galanten
Abenteuer berühmte Vicomte Raoul de Gardefeu!

MADAME DE QUIMPER-KARADEC

Weiter! Um Gottes willen, weiter!

BARONIN

Wir sind in keinem Hotel, dies ist das Stadthaus des
Herrn von Gardefeu. Er hat auch meinen Mann entfernt,
hat meine Bedienten weggeschickt, und er hoffte, da er
mich allein bei sich zu Hause hat...

MADAME DE QUIMPER-KARADEC

Fahren Sie fort! Was hoffte er?

MADAME DE FOLLE-VERDURE

Tante!

MADAME DE QUIMPER-KARADEC

Tatsächlich, das riecht mir sehr nach dem Trianon...

BARONIN

Was meinen Sie?

MADAME DE QUIMPER-KARADEC

Ich meine, daß es gar nicht so uninteressant sein mag, die
Bekanntschaft einer so unternehmenden und ungewöhn-
lichen Natur zu machen...

BARONIN

Indessen, Madame...

MADAME DE QUIMPER-KARADEC

Ich stamme eben aus dem 18. Jahrhundert, müssen Sie
wissen. Ich ziehe nun einmal M. de Richelieu und M. de
Casanova allen modernen Bürokraten vor! Aber lassen
wir das, dieser Monsieur de Gardefeu ist ein Wüstling!

BARONIN

Fliehen wir! Fliehen wir, so schnell es geht!

MADAME DE FOLLE-VERDURE

Was willst du tun?

BARONIN

Dieses Haus verlassen... meinen Mann aufsuchen...

MADAME DE FOLLE-VERDURE

Ohne sich zu rächen! Ohne diese Unverschämtheit zu
bestrafen?!

BARONIN

Ihn strafen?

MADAME DE FOLLE-VERDURE

Es muß sein!

I.

Wie, diese Herr'n mit frecher Stirne,
die uns beleidigt und verletzt,
verlangen, daß man dann nicht zürne,
und ihnen sich nicht widersetzt?
Doch günstig steh'n uns die Gestirne.
Die Herren haben sich verschätzt!
Zahlt es heim! Wir rächen uns jetzt!

ENSEMBLE

Zahlt es heim! Wir rächen uns jetzt!

II.

Was plante er mit der Affäre,
bei der das Glück im Stich ihn ließ?
Er trachtete nach Ihrer Ehre!
Indes, wir drehen um den Spieß!
Daß er nicht nur Erfolg entbehre,
nein, daß er sein Verbrechen büß'!
Zahlt es heim! Die Rache ist süß!

ENSEMBLE

Zahlt es heim! Die Rache ist süß!

VIII. SZENE

DIE VORIGEN. GARDEFEU

GARDEFEU (erscheint in der Mitteltür)

Madame...

MADAME DE QUIMPER-KARADEC (für sich)

Er ist es.

GARDEFEU

Ich habe zwei Zimmer im Grand Hotel bekommen.

BARONIN

Ich dachte, das Grand Hotel wäre ausgebucht.

GARDEFEU

Es sind zufällig welche frei geworden. Hier ist die Reservierung mit den Nummern, wenn es den Damen gefällig ist...

MADAME DE QUIMPER-KARADEC

Haben Sie einen Wagen?

GARDEFEU

Er wartet unten.

MADAME DE QUIMPER-KARADEC

Sehr schön. Lassen Sie schon unser Gepäck einladen. (zur Baronin) Liebe Baronin, wir wollen uns also verabschieden...

GARDEFEU (für sich)

Endlich! Ich wäre sie los!

(ab)

IX. SZENE

DIE VORIGEN OHNE GARDEFEU

BARONIN
Wie, Sie wollten mich allein lassen?!

MADAME DE QUIMPER-KARADEC
Seien Sie ohne Furcht! Und ziehen Sie das schnell über!
(setzt ihr ihren Hut auf und legt ihr ihren Reisemantel um die Schultern)
Ahmen Sie mich nach! Wo ist Ihr Zimmer?

BARONIN (zeigt es)
Dort.

MADAME DE QUIMPER-KARADEC
Sehr schön! Gehen Sie mehr auf den Zehenspitzen, dann
wirken Sie größer... Ja, so!... Außerdem denkt er an
nichts Böses... das heißt doch... aber anders...

MADAME DE FOLLE-VERDURE
Aber Sie, liebe Tante?!

MADAME DE QUIMPER-KARADEC (kraftvoll)
Ich bleibe!

MADAME DE FOLLE-VERDURE
Haben Sie denn keine Angst?

MADAME DE QUIMPER-KARADEC
Ich? Pah, ich hatte es schon mit ganz anderen zu tun!
Vorwärts! Geht!

REPRISE DES ENSEMBLES

Zahlt es heim! Die Rache ist süß!

(Die beiden Frauen gehen ab.)

X. SZENE

MADAME DE QUIMPER-KARADEC, dann GARDEFEU

MADAME DE QUIMPER-KARADEC

So! So! Monsieur de Gardefeu, Sie lieben also galante Abenteuer à la Louis XV?! Sie sollen sie haben!... Sie ziehen Damen von Rang Ihren Kokotten vor?! Sie sollen eine haben! Sarpejeu! Da kommt er schon!

(Auftritt Gardefeu. – Madame de Quimper-Karadec sitzt so, daß sie ihm den Rücken zuwendet.)

GARDEFEU (im Hintergrund)

Endlich sind sie abgezogen... (laut) Madame, ich komme noch einmal zurück. Ich bitte Sie, Madame, haben Sie keine Furcht... Und wundern Sie sich nicht über das, was ich Ihnen sagen möchte... Ich gebe zu, daß es im ersten Moment schon sehr befremdend klingt... Indessen... (für sich) Sie unterbricht mich nicht... (Er nimmt die Hand, die Mme. de Quimper-Karadec lässig hängen läßt.) Oh, Madame! Madame!

MADAME DE QUIMPER-KARADEC (dreht sich um)

Was wollen Sie, Männchen?

GARDEFEU (erschrickt)

Oh!

MADAME DE QUIMPER-KARADEC (lächelnd)

Nun?

GARDEFEU

Sie... Sie sind hier?

MADAME DE QUIMPER-KARADEC

Ja, ich!

GARDEFEU

Und Frau Baronin?

MADAME DE QUIMPER-KARADEC

Ausgeflogen... aber dafür bin ich ja da!

GARDEFEU (beiseite)

Teufel auch!

MADAME DE QUIMPER-KARADEC

Ich bin da, und wir werden unser Vergnügen haben...

GARDEFEU (düster)

Meinen Sie?

MADAME DE QUIMPER-KARADEC

Ich hoffe wenigstens... Und soll ich Ihnen sagen, warum
ich geblieben bin, Männchen, soll ich es Ihnen sagen?

GARDEFEU

Ja.

MADAME DE QUIMPER-KARADEC (beiseite)

Armer Junge! (laut) Ich bin hiergeblieben, weil Sie mir
gefallen...

GARDEFEU

Wie?

MADAME DE QUIMPER-KARADEC

Weil Sie mir gefallen! Und wenn mir einmal ein junger
Mann gefällt... (beiseite) Wenn du dein Louis XV haben
willst, bitte...

GARDEFEU

Was sagen Sie?

MADAME DE QUIMPER-KARADEC

Sie sind erstaunt? Aber haben Sie keine Angst, in
wenigen Augenblicken sollen Sie noch mehr hören.

GARDEFEU (beiseite)

Und dafür habe ich die Klingelschnüre durchgeschnitten!

MADAME DE QUIMPER-KARADEC

Eines nur macht mir etwas Sorge...

GARDEFEU

Sollte das wahr sein? Und was wäre das?

MADAME DE QUIMPER-KARADEC

Was mir Sorge macht, ist, daß ich Ihrer Verschwiegenheit
nicht sicher sein kann... Denn eigentlich bin ich in
diesem Augenblick versucht, Ihnen um den Hals zu
fallen.

GARDEFEU

Noch schöner!

MADAME DE QUIMPER-KARADEC

Nun gut, ich enthalte mich. Ich enthalte mich mit Mühe, aber ich enthalte mich... Und warum? Weil ich Ihrer

Verschwiegenheit nicht sicher bin!... Ich sage mir: »Vorsicht! Kompromittieren wir uns nicht! Das Männchen ist fähig und erzählt morgen alles in Paris herum...«

GARDEFEU

Allerdings, darauf können Sie sich verlassen...

MADAME DE QUIMPER-KARADEC (zärtlich)

Aber nehmen wir lieber an, ich könnte Ihrer Verschwiegenheit sicher sein!

GARDEFEU

Nehmen wir lieber nichts an... Ich hole Ihnen einen Wagen...

MADAME DE QUIMPER-KARADEC

Nein, nein, ich ziehe es vor, anzunehmen. Nehmen wir zum Beispiel an, Sie wären ein Mann aus besseren Kreisen...

GARDEFEU (für sich)

Wie?

MADAME DE QUIMPER-KARADEC

Ein Lebemann, der, um eine junge und hübsche Dame in sein Haus zu bekommen...

GARDEFEU

Oh, oh!

MADAME DE QUIMPER-KARADEC

... der, um eine junge und hübsche Dame in sein Haus zu locken, eine niedliche Falle aus diesem Haus gemacht hat, eine Falle, in der der Schlingel sich am Ende selber fängt...

GARDEFEU

Madame...

MADAME DE QUIMPER-KARADEC

Sehen Sie, wie sich dann plötzlich die Situation geändert hätte... Ich könnte Ihrer Verschwiegenheit vollkommen sicher sein... Ich hätte Sie also in der Hand, mein sauberer Monsieur de Gardefeu!

GARDEFEU

Sie kennt mich…

MADAME DE QUIMPER-KARADEC

Ich hätte… und ich habe Sie in der Hand!

GARDEFEU (beiseite, betrachtet sie)

Aha, Papachen soll die Daumenschrauben angesetzt bekommen!

MADAME DE QUIMPER-KARADEC

Und wenn es mir in den Sinn käme, mit Ihnen in die süßen Früchte der Erkenntnis zu beißen… die Sie ja mit der Baronin zusammen verzehren wollten, mein Junge… dann könnten Sie schwerlich nein sagen…

GARDEFEU

Wenn Sie meinen, Madame Leckermäulchen…

MADAME DE QUIMPER-KARADEC

Sie könnten überhaupt nicht nein sagen!

GARDEFEU

Wahrhaftig!

MADAME DE QUIMPER-KARADEC

Nun, was sagen Sie dazu?

GARDEFEU

Sie sind ein Teufelsweib, wie es scheint.

MADAME DE QUIMPER-KARADEC

Das will ich meinen.

GARDEFEU (mit plötzlich verändertem Ton, energisch)

Schön, das paßt ganz ausgezeichnet zusammen... denn ich selber bin ein Teufelskerl!

MADAME DE QUIMPER-KARADEC (erschrickt)

Was packt Sie?

GARDEFEU

Du hast nämlich gar nicht so unrecht...

MADAME DE QUIMPER-KARADEC (erschrickt noch mehr)

Er duzt mich!

GARDEFEU

Das wundert dich? Keine Angst, gleich hörst du noch mehr!

(Er schließt die Türen im Hintergrund.)

MADAME DE QUIMPER-KARADEC

O Gott, o Gott! Er schließt die Türen!

GARDEFEU (kommt wieder zu ihr)

Deine Überlegung war wirklich gar nicht übel... Aber
der Ansatz war falsch... Du sagst, du hättest mich in der
Hand, und das mag sein... aber ich habe dich nicht in
der Hand, und das hast du übersehen...

MADAME DE QUIMPER-KARADEC

Ich verbiete Ihnen mich zu duzen!

GARDEFEU

Wenn ich dich in der Hand haben soll, dann muß hier
eine kleine Szene vonstatten gehen, die du nicht erzählen
kannst, und darum...

MADAME DE QUIMPER-KARADEC

Darum?

GARDEFEU

Darum wird sie vonstatten gehen, diese kleine Szene!

MADAMDE DE QUIMPER-KARADEC (versucht zu fliehen)

Ich werde schreien!

GARDEFEU

Es ist niemand da, der dich hören könnte...

MADAME DE QUIMPER-KARADEC

Ich werde klingeln!

GARDEFEU

Die Schnüre sind durchgeschnitten...

MADAME DE QUIMPER-KARADEC

Ich bin verloren...

GARDEFEU

Du hast mich wohl für einen Stümper gehalten? Die Schnüre sind durchgeschnitten, zwar nicht gerade deinetwegen, aber sie sind durchgeschnitten...

MADAME DE QUIMPER-KARADEC

Monsieur!... Monsieur!...

(Sie fällt in einen Sessel.)

GARDEFEU

Wohlan denn, fasse Mut... Ich habe Mitleid mit deiner Jugend und Unschuld!

MADAME DE QUIMPER-KARADEC

Ach!

GARDEFEU (ändert den Ton)

Sie sehen wohl, Madame, daß Sie kein Teufelsweib sind... Sie sehen, daß Sie eine Dame aus besten Kreisen sind...

MADAME DE QUIMPER-KARADEC

Das haben Sie bemerkt?

GARDEFEU

Sieht man das nicht auf den ersten Blick? Verfügen Sie über dieses Zimmer, Sie können sich unbekümmert zur Ruhe begeben.

MADAME DE QUIMPER-KARADEC

In diesem Zimmer?

GARDEFEU

Es ist... es war das der Baronin.

MADAME DE QUIMPER-KARADEC

Wohlan denn, Vicomte, Sie sollen einen Beweis meines Vertrauens haben... Ich nehme das Zimmer... aber sagen Sie, hat es auch einen Kamin?

GARDEFEU

Ja.

MADAME DE QUIMPER-KARADEC

Und ist eine Feuerzange beim Kamin?

GARDEFEU

Zweifellos... Doch warum fragen Sie mich das...

MADAME DE QUIMPER-KARADEC

Es ist nur so eine Idee... Adieu... ich gehe in dieses
Zimmer... mit vollem Vertrauen, wie Sie sehen... (für
sich) Sollte er sich unterstehen, die Türe zu sprengen, so
falle ich mit der Feuerzange über ihn her! Darauf setze
ich mein Vertrauen!

(Sie geht ab in ihr Zimmer.)

XI. SZENE

GARDEFEU, dann DER BARON. BOBINET und URBAIN

GARDEFEU

Also so viel steht fest: wenn ich gewußt hätte, wohin das
führt, wäre ich nie Führer geworden!

(Der Baron, Bobinet und Urbain kommen, sich gegenseitig unterm Arm
haltend, alle drei sind völlig betrunken.)

REPRISE DES ENSEMBLES

BARON. BOBINET. URBAIN

Wir taumeln, taumeln, taumeln,
wir kreisen, kreisen, kreisen...
Und wie ein Luftballon
fliegt schon mein Kopf davon!

GARDEFEU

Der Herr Baron!

BARON
Zwei Freunde bring' ich mit nach Haus,
die bei der Polizei ich mühsam löste aus!

BOBINET
Uns hat der Schwedenpaß befreit!

GARDEFEU
Ich muß Sie leider unterbrechen...
Frau Baronin möchte Sie sprechen,
und der Wunsch schien von Wichtigkeit...

BARON
Jetzt gleich?

GARDEFEU
Jetzt gleich!

BARON
Wär's wirklich wahr?
Die Baronin... im Augenblick...
Gleich, ihr Freunde, komm ich zurück!

BOBINET. URBAIN
So was dauert sicher recht lang,
doch wir warten, sei nur nicht bang!

BARON
Wie gut, daß ich noch völlig nüchtern!

GARDEFEU. BOBINET. URBAIN

Nun aber vorwärts, Baron, und nicht so schüchtern!

(Der Baron geht in das Zimmer. Fortissimo im Orchester. Man hört Schreie und Lärm aus dem Zimmer. Der Baron kommt erschreckt herausgelaufen. Madame de Quimper-Karadec erscheint in der Türe und schwingt eine Feuerzange.)

RETOUR DE L'OPÉRA

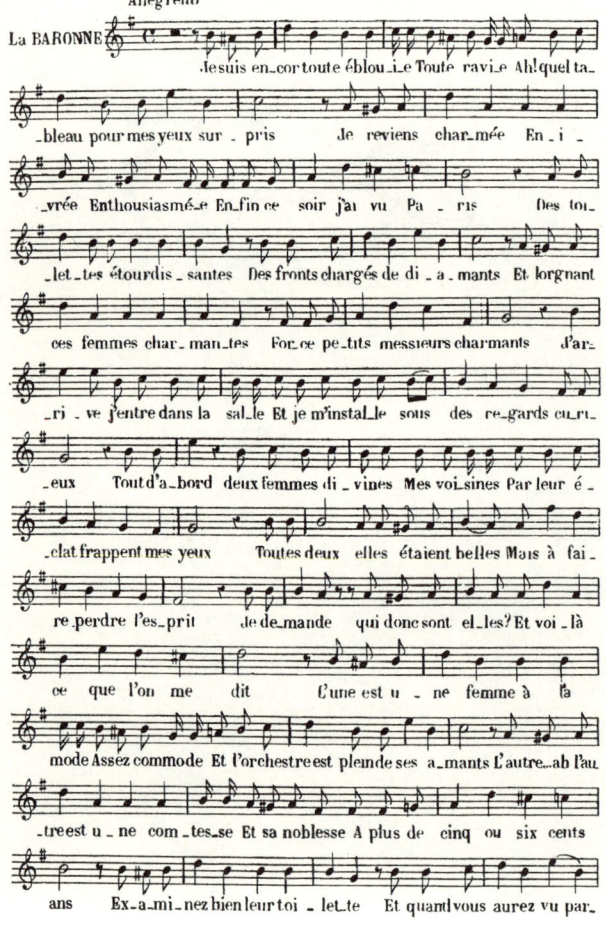

La BARONNE

Je suis en_cor toute éblou_i_e Toute ravi_e Ah! quel ta_
_bleau pour mes yeux sur _ pris Je reviens char_mée En i _
_vrée Enthousiasmé_e En_fin ce soir j'ai vu Pa _ ris Des toi_
_let_tes étourdis _ santes Des fronts chargés de di _ a _ mants Et lorgnant
ces femmes char_man_tes For_ce pe_tits messieurs charmants J'ar_
_ri _ ve j'entre dans la sal_le Et je m'instal_le sous des re_gards cu_ri_
_eux Tout d'a_bord deux femmes di _ vines Mes voi_sines Par leur é_
clat frappent mes yeux Toutes deux elles étaient belles Mais à fai
_re perdre l'es_prit Je de_mande qui donc sont el_les? Et voi _ là
ce que l'on me dit L'une est u _ ne femme à la
mode Assez commode Et l'orchestre est pleine de ses a_mants L'autre_ab l'au
_tre est u _ ne com_tes_se Et sa noblesse A plus de cinq ou six cents
ans Ex_a_mi_nez bien leur toi _ let_te Et quand vous aurez vu par_

_lez Dites qu'elle est la co_co_det_te Et quelle est la coquette, al_

_lez Je regardai même fri_sure et même al_lure Même regards imperti_

_nents Même hardi _esse A tout dire Même sou_ri_re Allant aux

mê_mes jeu_nes gens Pour choi_sir ne sachant que fai_re Je dis la

grande dame est là C'é_tait jus_te_ment le con_trai_re Mais comment

de_vi_ner ça _ Et pendant ce temps de Ro_si_ne La voix mu_

_ti_ne Chantait les airs de Ros_si_ni Et tou_te la sal_le gri_

_sé_e E_lectri_sé_e Battait des mains à la Pat_ti J'eus aussi

mon suc_cès je pense Car en par_tant dans le cou_loir Je vis une

cres _ cen _ do

_é_norme afflu_en_ce De gens se pres_sant

pressez

pour me voir oui pour me voir ah Je suis en_cor toute é_blou_

_i_e Tou_te ra_vi_e Ah! quel ta_bleau pour mes yeux sur_pris Je reviens

charmée en_i_vrée enthousiasmé_e En_fin ce soir j'ai vu Pa_

_ris en_fin j'ai vu Pa_ris en_fin j'ai vu Pa_ris

FÜNFTER AKT

Salon eines luxuriösen Restaurants

I. SZENE

KELLNER, dazu **URBAIN**

CHOR DER KELLNER

Wohl instruiert,
und glatt rasiert,
pomadisiert
und schön frisiert,
höflich,
willig,
honett,
adrett,

und diskret!
Auf die Gäste
zu dem Feste
warten wir.
Mitternacht, Stunde der Genüsse!
Mitternacht, Zeit der süßen Küsse!
Da servieren im Separée
wir den Herrschaften das Souper!

(Urbain tritt auf.)

URBAIN

Das Haus zählt auf Sie, meine Herren! Heute abend
haben wir ein privates Fest in sämtlichen Räumen, einen
Maskenball, veranstaltet von einem frisch eingetroffenen
Brasilianer. Es wird ein Erfolg werden, das versteht sich.
Seit gestern zu der Ehre berufen, an Ihrer Spitze zu
stehen, halte ich es nicht für unnütz, Ihnen meine
Auffassung von unserer Dienstauffassung mitzuteilen.

Bald kommen unsere Gäste, –
nach der Oper begibt man sich hierher zu zwei'n.
Prägen Sie drum aufs Beste
sich die goldnen Prinzipien des Kellnertums ein!

I.
Sei rätselhaft und unaufdringlich,
das ist des Kellners erste Pflicht!
Die erste Pflicht!
Die zweite ist genauso dringlich:
Wir kennen unsre Gäste nicht!
Ihr kennt sie nicht!

Und kommt ein zärtlich Paar soupieren,
das darf man vollends nicht genieren,
seid blind und stumm! Seid blind und stumm!
Und merkt Ihr was, so stellt euch dumm!

CHOR

Seid blind und stumm!
Und merkt Ihr was, so stellt euch dumm!

II.

URBAIN

Ganz schnell noch das Dessert servieren, –
dann darf man nicht mehr sichtbar sein!
Nicht sichtbar sein!
Und trefft Ihr auf verschloss'ne Türen:
Verliebte Leut' sind gern allein!
Sind gern allein!
Ob sie drin singen oder lärmen,
sich zanken oder hörbar schwärmen:
Seid blind und stumm! Seid blind und stumm!
Und merkt Ihr was, so stellt euch dumm!

CHOR

Seid blind und stumm!
Und merkt Ihr was, so stellt euch dumm!

URBAIN

Vorwärts, meine Herren, auf Ihre Posten!

(die Kellner ab)

II. SZENE

URBAIN

Also bis zum Oberkellner hätte ich es gebracht. Statt
einer Herrschaft ein paar hundert... Ein großes Fest!
Soll mir recht sein! Da sehe ich sie also... diese zehn oder
zwölf Frauenzimmer, die seit fünfzehn Jahren in der
galanten Welt Frankreichs den Ton angeben. Immer
dieselben! Die alte Garde! Die sich immer ergibt, aber
nie stirbt! Da kann man lange schreien: Platz für die
nächste Generation! Das Publikum liebt die vertrauten
Gesichter. Na ja, vielleicht nicht gerade die Gesichter...
Aber warum? Das frage ich mich!

(Baron von Gondremarck tritt auf.)

III. SZENE

URBAIN. DER BARON

URBAIN

Was seh' ich, Herr von Gondremarck!

BARON

Dieses Gesicht!

URBAIN

Sie täuschen sich nicht! Ich bin's, Porto-Rico... Geht's
gut, seit wir Brüderschaft getrunken haben?

BARON

Allerdings, wir haben zusammen getrunken... Hat man sich noch nicht genügend lustig gemacht über mich? Aber wenn mir dieser Monsieur de Gardefeu wieder begegnet! (zu Urbain) Und Sie sind jetzt hier?

URBAIN

Aufzuwarten, Herr Baron! Nachdem Madame de Quimper-Karadec uns an die Luft gesetzt hat, mußten wir doch unterkommen. Prosper, der Fürst Manchabal, ist Kutscher geworden, und ich bin durch die Protektion von Herrn Bobinet jetzt hier angestellt.

BARON

Monsieur de Bobinet, der Schweizer Admiral?

URBAIN

Ja.

BARON

Oh, ich bin fürchterlich gefoppt worden. Aber schweigen wir davon. Wenn Sie hier schon Oberkellner sind, dann reservieren Sie mir ein separates Kabinett, für mich ganz allein... denn ich erwarte jemanden zum Souper.

URBAIN

Und wie heißt die Dame, wenn ich fragen darf?

BARON

Ich weiß nicht, ob ich Ihnen trauen darf...

GABRIELLE ALS BRASILIANERIN

URBAIN

Hören Sie!

BARON

Es ist Fräulein Metella!

URBAIN

Wie kann sie denn mit Ihnen soupieren? Sie muß ja bei unserem Brasilianer eingeladen sein.

BARON

Ich weiß, das hat sie mir auch gesagt. Aber sie hat hinzugefügt, sie werde schon ein Mittel finden, um zu entwischen.

URBAIN

Sie Witzbold!

BARON

Ich verbitte mir das, haben Sie verstanden?!

URBAN

Also, wenn man Brüderschaft getrunken hat... (Metella tritt auf.) Ah, da ist ja Fräulein Metella!

IV. SZENE

DIE VORIGEN. METELLA

BARON

Oh, Madame!

METELLA (gibt ihm ihre Mantille)

Ich bitte Sie, nehmen Sie mir das ab!

BARON

Also das...

METELLA

(leise, während der Baron weggegangen ist)

Ober!

URBAN

Madame!?

METELLA

Es wird gleich eine maskierte Dame nach mir fragen... Geben Sie mir sofort Bescheid, sobald sie da ist.

URBAN

Ich weiß Bescheid.

(geht trällernd ab: »Seid blind und stumm«)

V. SZENE

METELLA. BARON

BARON

Oh Metella!

METELLA (in Gedanken)

Einen Augenblick...

BARON

Was haben Sie?

METELLA

Ich suche nach etwas und es fällt mir nicht ein. Auf der Straße ist mir ein junger Mann begegnet...

BARON

Ein junger Mann?

METELLA

Ja, es ist wirklich sonderbar! Ich erinnere mich, daß ich ihn bis zum Wahnsinn geliebt habe, aber sein Name fällt mir einfach nicht mehr ein!

BARON

Oh! Oh!

METELLA

Sind Sie mir böse?

BARON

Das nicht... aber...

METELLA

Sie sind verwundert?

BARON

Teufel! Ich komme zu Ihnen... ich darf sagen, ich komme zu Ihnen mit einem Herzen vollgestopft mit Zärtlichkeit... und schon beim ersten Wort versetzen Sie mir den Todesstoß!

METELLA

Sie werden sich daran gewöhnen...

BARON

Also wirklich!

METELLA

Ich bitte Sie! Wir sind hier in Paris, im eleganten Café Anglais, mein Lieber, und eben hat es Mitternacht geschlagen!

RONDEAU

Erst um Mitternacht erwacht hier das Leben,
die Nachtschwärmer geben

sich dann Stelldichein.
Die nettesten Herrn, die reizendsten Damen.
Sie alle nur kamen,
der Lust sich zu weih'n!
Erlesener Kreis von Blonden und Braunen,
auch Rote sind da, für den, dem's gefällt.
Die Herren sind auch ein Anblick zum Staunen.
Ihr Geld stammt aus sämtlichen Ländern der Welt.
Ja...
Man vernimmt Getrippel, Kichern und Flüstern,
hört Seide auch knistern,
wenn man nur lauscht.
Das langsame Vorspiel des Bacchanales
gebiert ein brutales
Crescendo zum Rausch.
Dröhnend wird gelacht, Champagner muß knallen!
Drüben tanzt man Cancan, Hazard spielt man hier.
Bis plötzlich die neuesten Schlager erschallen,
begleitet auf einem verstimmten Klavier.
Und der Lärm schwillt an, als ob alles rase.
In Rausch und Ekstase
erhebt sich ein Chor.
Dies Singen und Schrein, dies Rufen und Gröhlen
aus trunkenen Kehlen
betäubt jedes Ohr.
Der Atem geht aus... die Stimmen sind heiser...
Der Taumel erschlafft, und schal schmeckt der Rest.
Die Freude wird trüb und das Lachen leiser,
man gähnt, man schläft ein, so endet das Fest...
Nur wen'ge sind wach
beim Aufgang der Sonne...

Wohin ist die Wonne?
Ihr Schädel tut weh!
Unsre Lebemänner wandeln wie Leichen,
bestellen mit bleichen
Gesichtern Tee.
Sie schleichen nach Haus, sich schlaftrunken räkelnd.
Sie sehen nicht klar... und keiner bereut...
Da rufen die Straßenkehrer, sich ekelnd:
»Seht nur her! Wie gut geht's dem Volk doch heut!
Ohé, wie gut geht's dem Volk doch heut!«

BARON

Auch ich bin gekommen, um mich zu vergnügen!

(Er will Metella um die Taille nehmen; sie macht sich los.)

VI. SZENE

**DIE VORIGEN. DIE BARONIN. MESDAMES DE QUIMPER-
KARADEC und FOLLE-VERDURE**

(Alle drei im schwarzen Domino und maskiert. Sie kommen langsam herein
und gehen auf den Baron vorn zu. Das Orchester spielt das Masken-Menuett
aus »Don Giovanni«.)

BARON

Das Masken-Terzett! Was soll das bedeuten?

METELLA

Ist vielleicht eine von Ihnen, Mesdames, hier mit Mademoiselle Metella verabredet?

BARONIN

Das bin ich.

METELLA (zeigt auf den Baron)

Verstehen Sie jetzt, warum ich Sie hierher bat?

BARONIN

Ich verstehe tatsächlich.

BARON

Was heißt das alles? Was heißt das nur? Ich meinerseits kenne diese Damen nicht.

METELLA

Das mag sein. Aber die Damen kennen Sie.

BARON

Sie kennen mich.

ENSEMBLE

BARONIN

Ich kenne dich!

BARON

Du kenntest mich?

DIE FRAUEN

Wir kennen dich!

I.

BARONIN
Du reist, um dich zu amüsieren,
doch ließ dein Scharfsinn dich im Stich.
Man kann sich ärger nicht blamieren,
mein Freund, das endet fürchterlich!
Ich kenne dich!

DIE FRAUEN
Wir kennen dich!

II.

MADAME DE QUIMPER-KARADEC
Erst gestern warfst du deine Fädchen
um feine Damen, hörte ich!
Und fingst ein simples Stubenmädchen,
ach, Freundchen, das war lächerlich!
Ich kenne dich!

DIE FRAUEN

Wir kennen dich!

III.

METELLA

Man hat sich gegen dich verschworen,
als Opfer fällst du sicherlich!
Metella hast du dir erkoren?
Ach, armer Freund, du dauerst mich!
Ich kenne dich!

DIE FRAUEN

Wir kennen dich!

(Urbain kommt wieder.)

VII. SZENE

DIE VORIGEN. URBAIN

URBAIN

Fräulein Metella...

METELLA

Ist man gekommen?

URBAIN

Ja.

METELLA

Adieu denn!

BARON

Wie? Sie wollen mich alleinlassen?

METELLA

Ich muß den jungen Mann wiederfinden, von dem ich
vorhin sprach; sein Name ist mir wieder eingefallen!

BARON

Und wie heißt er?

METELLA

Raoul de Gardefeu!

(Sie geht ab.)

BARON (zornig)

Gardefeu? Oh!

MADAME DE QUIMPER-KARADEC

Und wir?

URBAIN

Wenn die Damen möchten, – hier wäre ein Kabinett für
Frauen von Welt...

BARON (für sich)

Frauen von Welt! (laut) Und Sie wollen mich verlassen?

MADAME DE FOLLE-VERDURE

Allerdings.

BARON

Erst haben Sie mir Metella vertrieben, und jetzt glauben
Sie, daß ich auch Sie weggehen lasse?

MADAME DE QUIMPER-KARADEC

Ich denke, doch!

BARON

Falsch gedacht! Ich werde mit Ihnen soupieren!

MADAME DE QUIMPER-KARADEC

Einfach so? Ohne zu wissen, ob wir jung sind, ob wir
schön sind?

BARON

Bah! Ich riskiere es!

MADAME DE QUIMPER-KARADEC (demaskiert sich)

Ein kluger Entschluß!

BARON

Oh! Die mit der Feuerzange!

(Er weicht zurück.)

URBAIN

Überall die alte Garde!

(Die drei Frauen gehen lachend ins Kabinett. Urbain hält ihnen die Tür auf.)

VIII. SZENE

BARON

Schon wieder ein Streich dieses teuflischen Gardefeu!
Das muß ein Ende nehmen!

URBAIN

Sie folgen den Damen nicht?

BARON

Nein. Aber Sie könnten mir einen Gefallen erweisen:
Sagen Sie doch, wo finde ich diesen Herrn von Gardefeu?

URBAIN

Er wird gleich hier sein, beim Ball des Brasilianers.

BARON

Ich werde auch dabei sein...

URBAIN

Wie das?

BARON

In der Tat, ich habe keine Einladung...

URBAIN (gibt ihm eine Karte)

Wollen Sie eine? Ich habe noch eine Menge; aber Sie
brauchen noch etwas anderes.

BARON

Was denn?

URBAIN
Ein Kostüm; Einlaß ist nur mit Maske...

BARON
Wenn's weiter nichts ist! Ich werde mich eben kostü-
mieren.

URBAIN
Eilen Sie sich, ich höre sie schon; da kommt die ausgelas-
sene Bande! (Baron geht schnell ab; Urbain, allein geblieben, macht
einige Tanzschritte.) Und links links vor, wir wissen, wie man
lebt! Ohé! Ohé!

IX. SZENE

MASKIERTE, dann DER BRASILIANER und GABRIELLE (in brasilia-
nischem Kostüm), später BOBINET und GARDEFEU

CHOR
Vorwärts, Herren! Vorwärts, Damen!
Vorwärts, alles ist bereit!
Keiner darf uns heut erlahmen!
Rausch ist unsre Schuldigkeit!
Alle kommen wir sehnsuchtsvoll,
liebestoll.
Später gehen wir regelrecht
blau gezecht!

DER BRASILIANER (tritt auf mit Gabrielle)
Hier bring' ich Fräulein Gabrielle,
sie lebte zwanzig Jahr' mit reiner Seele.
Für mich allein verzichtet auf die Tugend sie!

CHOR
Dideridi! Dideridi!

I.

GABRIELLE
Gestern, da kam ein Brasilianer
mittags zur Handschuhmacherin.

DER BRASILIANER
Handschuh' bestellt' der Brasilianer.
»Gern!« sprach die Handschuhmacherin.

GABRIELLE
»In welcher Farb', Herr Brasilianer?«
fragte die Handschuhmacherin.

DER BRASILIANER

»Ochsenblut«, sagt' der Brasilianer
zur lieben Handschuhmacherin.

GABRIELLE

»Bitte, die Hand, Herr Brasilianer!«

DER BRASILIANER

»Hier, hübsche Handschuhmacherin!«

BEIDE

Und zitternd reicht der Brasilianer
Die Hand der Handschuhmacherin.

II.

GABRIELLE

»Der Handschuh paßt, Herr Brasilianer!«
fand dann die Handschuhmacherin.

DER BRASILIANER

»Noch besser«, fand der Brasilianer,
»paßt mir die Handschuhmacherin!«

GABRIELLE

»Gehen Sie, schlimmer Brasilianer!
Nein sagt die Handschuhmacherin!«

DER BRASILIANER

»Wohlan, so stirbt der Brasilianer,
grausame Handschuhmacherin!«

GABRIELLE
»Stirb' mir noch nicht, mein Brasilianer!«

DER BRASILIANER
sprach da die Handschuhmacherin.

BEIDE
Drum gehört jetzt des Brasilianers
Leben der Handschuhmacherin!

(Bobinet und Gardefeu treten verkleidet auf.)

BOBINET und GARDEFEU
So, da sind wir!

DER BRASILIANER
Kommt schon! Ich weiß zwar nicht, wer ihr seid, aber
wir haben auf euch gewartet. Zum Souper!

ALLES
Zum Souper.

(Der Baron tritt verkleidet auf.)

BARON (noch in der Tür)
Einen Augenblick! Einen Augenblick!

GABRIELLE
Was kann das sein?

X. SZENE

DIE VORIGEN. DER BARON

BARON

Wo ist Monsieur de Gardefeu?

GARDEFEU

Hier, Monsieur.

BARON

Wir haben eine schreckliche Rechnung miteinander aufzumachen, Monsieur!

GARDEFEU

Ich stehe zu Ihrer Verfügung.

GABRIELLE

Um Gottes willen, ein Duell!

ALLE

Ein Duell!

DER BRASILIANER

Kein Grund zur Beunruhigung, meine Freunde. Lassen
Sie uns diese Kleinigkeit miteinander zu viert arrangieren. Gehen Sie nur schon zu Tische. Bis gleich, charmante Handschuhmacherin!

GABRIELLE

Bis gleich, schöner Brasilianer.

(Sie gehen ab. Das Orchester spielt con sordino das Thema des Duetts.)

XI. SZENE

DER BARON. DER BRASILIANER. GARDEFEU. BOBINET

GARDEFEU

Bob – du sekundierst mir?

BOBINET

Aber sicher.

BARON (zum Brasilianer)

Ich bin Ausländer, Monsieur, Sie sind Ausländer.

DER BRASILIANER

In der Tat.

BARON

Dürfte ich wagen, als Landsmann... dürfte ich es wagen, Sie um Ihren Beistand zu bitten?

DER BRASILIANER
Mit Vergnügen.

BOBINET
Ein kurzes Wort zuvor. Ich nehme mich dieser Sache an, aber nur unter einer Bedingung.

DIE ANDEREN
Und die wäre?

BOBINET
Daß die Angelegenheit mit dem größten Ernst betrieben wird. Spaß kann ich in solchen Dingen nicht verstehen.

DER BRASILIANER
Natürlich. Wenn es nicht ernst ist, gehe ich lieber. Ich verabschiede mich.

GARDEFEU
Aber nein, nein.

DER BRASILIANER
Ich gehe. Ich gehe.

GARDEFEU
Es ist ernst... ich wiederhole Ihnen, es ist mir völlig ernst!

DER BRASILIANER
Abgemacht?

BARON
Abgemacht!

BOBINET
Fangen wir also an!

DER BRASILIANER

Fangen wir an! Ich habe eine gute Idee: wir löschen alle Lichter hier herinnen aus.

BOBINET

Sehr gut!

DER BRASILIANER

Und wir lassen die beiden Herren miteinander allein, nachdem wir sie mit diesen Messerchen bewaffnet haben.

(Er zieht zwei ungeheure Messer aus dem Gürtel.)

BOBINET

Eine ausgezeichnete Idee.

DER BRASILIANER

Wir gehen hinaus, schließen die Türen ab, soupieren gemütlich, und morgen früh, bevor wir weggehen, öffnen wir wieder und begutachten das Resultat.

BOBINET (zum Baron und zu Gardefeu)

Kein übler Vorschlag! Sind die Herren einverstanden?

BARON

Ich wäre lieber alleine eingeschlossen.

GARDEFEU

Ja, jeder ein eigenes Zimmer!

BARON

Und sein eigenes Messer!

BOBINET

Der Vorschlag scheint Ihnen nicht zuzusagen... Machen wir's also anders...

GARDEFEU

Ja, machen wir's anders...

BOBINET

Ich kenne den Tatbestand, er ist ja höchst simpel. Der Herr und ich werden ein kleines Protokoll aufsetzen.

DER BRASILIANER (unzufrieden)

Ein Protokoll?

BARON

Das wäre mir lieber.

GARDEFEU

Mehr ist wirklich nicht nötig.

BOBINET

Also, wer beklagt sich?

BARON

Ich, wer sonst!

BOBINET

Und worüber beklagen Sie sich?

GARDEFEU

Ja, das möchte ich auch wissen.

DER BRASILIANER

So sagen Sie doch, über was?

BARON

Ich beklage mich über die unverantwortlichen Streiche, die mir dieser Herr gespielt hat.

BOBINET

Bitte, präzisieren Sie.

GARDEFEU

Ja, präzisieren Sie!

BOBINET

Wollen Sie jetzt präzisieren oder nicht?

DER BRASILIANER

Wenn Sie nicht präzisieren, gehe ich!

BARON (hält ihn zurück)

Aber nein! Bleiben Sie da! Ich präzisiere ja schon. Als ich in Paris ankam, fand ich den Herrn am Bahnhof vor...

Der Herr hat sich für einen Fremdendiener ausgegeben
und quartierte mich bei sich zu Hause ein.

BOBINET

Sie waren also schlecht untergebracht?

BARON

Im Gegenteil, sehr gut.

GARDEFEU

Und wieviel haben Sie bezahlen müssen für Kost und
Logis? Sagen Sie doch.

BARON

Fünf Francs am Tag. Fünf Francs.

GARDEFEU

Und das für vier Personen!

BOBINET

Fünf Francs für vier Personen! Und da beklagen Sie sich?

BARON

Aber darüber beklage ich mich doch gar nicht.

BOBINET

Warum bringen Sie es dann vor?

DER BRASILIANER

Wenn es Ihnen im dunkelen Zimmer nicht gefällt...
sagen Sie endgültig: es gefällt Ihnen doch nicht? – Sollen

wir da nicht einen Fiaker nehmen? Wir setzen Sie beide in einen Fiaker, bewaffnen Sie mit zwei Messerchen, (zieht wieder seine Macheten) schließen die Türen und dann – krrr, krrr!

BOBINET

Schlagen Sie sich das aus dem Kopf, mein Freund.

DER BRASILIANER

Warum?

BOBINET

Kein Kutscher wird so was dulden, wegen der Polster... und dann sind die Herren ja auch mehr für ein kleines Protokoll.

GARDEFEU und DER BARON

Ja, ja.

BOBINET

Sieh mal an, ihre Gesichter strahlen, sobald man wieder von einem Protokoll spricht. – Schön, Baron, fahren Sie fort! Worüber beklagen Sie sich?

BARON

Der Herr machte mir weis, ich wäre in einen Zirkel von Welt geladen, und hat mich zu Ihnen... Sie wissen ja...

BOBINET

Oho, die Sache wird persönlich... Sagen Sie weiter, haben Sie sich gelangweilt, bei mir?

BARON

Das kann ich nicht behaupten... Erstens wäre das nicht höflich... und zweitens wäre es nicht wahr.

GARDEFEU

Sie haben sich also nicht gelangweilt?

BARON

Nicht im geringsten!

BOBINET

Sie haben sich vielleicht sogar amüsiert?

BARON

Und wie!

ALLE

Und darüber beklagen Sie sich?!

DER BRASILIANER

Jetzt hören Sie mir einmal zu. Worüber beklagen Sie sich, wenn Sie sich amüsiert haben?

BARON

Tatsächlich, das ist wahr! Wenn ich mich amüsiert habe, worüber soll... unter diesem Gesichtspunkt habe ich die Sache noch gar nicht betrachtet!

BOBINET (explodiert)

Wirklich, meine Herren, das ist stark! Mein Freund findet Sie also am Bahnhof... er sagt sich: wieder so ein unglücklicher Fremder, der in Paris bestohlen, ausgeplündert und verhöhnt wird. Mein Freund führt Sie in sein Haus, bewirtet Sie nobel und uneigennützig, verschafft Ihnen die Ehre meiner Bekanntschaft, – und Sie beklagen sich?

ALLE (wütend)

Und Sie beklagen sich?

BOBINET

War vielleicht mein Champagner nicht gut?

BARON

Er war ausgezeichnet!

BOBINET

Und die Frau Admiralin? He?

BARON

Oh, die Frau Admiralin! Sie war überwältigend, die Admiralin!

GARDEFEU

Nun denn?

BARON

Wahrhaftig... wenn ich mir's genau überlege... ich sehe überhaupt keinen Grund, mich zu beklagen.

BOBINET

So wäre alles in Ordnung?

DER BRASILIANER

Wir müssen ihnen nur noch die Messerchen geben!

GARDEFEU

Aber wenn Sie doch hören, daß wir kein Messer wollen!

BOBINET

Er wird allmählich unerträglich.

DER BRASILIANER

Was haben Sie eben gesagt?

BOBINET

Ich habe gesagt, Sie wären unerträglich.

DER BRASILIANER

So? Dann wirst du jetzt das Messerchen nehmen!

BOBINET (wütend)

So geben Sie es schon her, Ihr Messerchen!

BARON (will sie trennen)

Aber meine Herren Sekundanten! Meine Herren Sekundanten!

(Die Türen gehen auf. Von der einen Seite kommen die Baronin, Madame de Quimper-Karadec und Madame de Folle-Verdure, in der anderen Metella und Gabrielle. Sie stürzen sich zwischen die streitenden Herren. Auftritt des Chors auf einige Takte aus dem Finale des dritten Aktes: »Jetzt geht's los.«)

DIE FÜNF FRAUEN
Messieurs! Messieurs!

BARONIN
Sie werden sich nicht schlagen!

BARON
Du hier, Christine?

BARONIN
Wie du siehst.

BARON
Vergib mir!

BARONIN
Ich vergebe. Aber morgen reisen wir ab!

MADAME DE QUIMPER-KARADEC (zu Bobinet)
Und du Taugenichts bist auch hier?

BOBINET
Meine Tante! Welche Überraschung!

MADAME DE QUIMPER-KARADEC
Gib deiner Cousine den Arm. Ich kann mich selbst beschützen!

GABRIELLE (zum Brasilianer)
Seien Sie ruhig, es ist alles arrangiert.

DER BRASILIANER

Schön! Wenn alles arrangiert ist, können wir endlich
soupieren. Diese Nacht hindurch soll der Champagner
knallen! Laßt uns trinken und singen!

FINALE

GABRIELLE

Das erste Glas dem Paradies!
Vivat hoch, Paris!

ALLE

Vivat hoch, Paris!

I.

DER BRASILIANER

'S wird das Suchen nicht lohnen,
doch man findet manchmal,
daß auch Bürger hier wohnen,
voller Fleiß und Moral.
So ein Sittlichkeitslehrer
sieht auf uns mit Gebrumm
und er meint, weise wär' er,
doch ich weiß, er ist dumm!
Und piff, und paff!
Zieh den Schluß: das ist das Pariser Leben!
Und du mußt, ja du mußt Paris erleben!
Nun, dann mußt du wie wir Pariser leben!
Voller, voller, voller, voll Pariser Lebenslust!

II.

GABRIELLE

Wieviel Schwüre, Versprechen,
werden liebend getauscht.
Doch den Schwur wird man brechen,
und die Liebe verrauscht.
Wenn wir Küsse erwidern,
wird das Herz uns nicht schwer.
Von den heutigen Liedern
kennt man morgen keins mehr!
Und piff, und paff...
Zieh den Schluß: das ist das Pariser Leben...

III.

BARONIN

Wenn die untreuen Männer
kehren heim in den Stall, –

METELLA

Wenn die Weiblichkeitskenner
kommen selber zu Fall, –

GABRIELLE

Wenn von Opern und Dramen
uns der Vorhang befreit:
Dann, Ihr Herren und Damen,
gibt's nur eins: man verzeiht!

ALLE

Und piff, und paff!
Zieh den Schluß: das ist das Pariser Leben!
Und du mußt, ja du mußt Paris erleben!
Nun, dann mußt du wie wir Pariser leben!
Voller, voller, voller, voll Pariser Lebenslust!

Ende

RONDEAU DES GARÇONS

MÉTELLA.

C'est i _ ci l'endroit redouté des mè_res L'en_droit effro_yable où les fils mineurs Font sauter l'ar_gent, ga_gné par leurs pè_res Et ro_gnent la dot pro_mise à leurs sœurs Mi_nuit sonne é_cou_tez_ Vo_ yez et profi_tez!

A mi_nuit son_nant com_men_ce la fê_te Maint cou_pé s'ar_rê_te on en voit sor_tir De jo_lis mes_sieurs des femmes char_man_tes Qui viennent pim_pantes pour se di_ver_tir La fleur du pa_nier, des brunes des blondes Et bien enten_du des rousses aus_si. Les jo_lis mes_sieurs sont de tous les mondes C'est un peu mê_le ce qu'on trou_ve i_ci, Ah! tout ce_la s'a_ni_me et se met en joie, frou frou de la soie_ Le long des cou_loirs C'est l'a_da_gi_o de la baccha_na_le Dont la voix bru_ta_le Gron_de tous les soirs. Ri_res é_cla_tants, fra_cas du champa_gne, On cartonne i_ c.

ANHANG

Lettre à Metella

L. Halévy   Meilhac

Offenbach

Ludovic Halévy

AUS DEN TAGEBÜCHERN

1865: Ein Jahr, von dem nichts bleiben wird...

November: Man lebt in Erwartung, die Augen fixiert auf die drei Wolken, die den politischen Horizont verdunkeln: die mexikanische Frage, die Pläne des Herrn von Bismarck, die Räumung Roms. Machen wir's wie alle, warten wir ab.

23. November: Wir haben den Direktoren des Palais-Royal die beiden ersten Akte der »Vie Parisienne« übergeben. Am nächsten Tag erhielten wir unzählige Glückwünsche und unzählige Aufforderungen, das Stück rasch fertigzustellen. Dritter und vierter Akt werden rasch zu schaffen sein (Worth[1] und das Café Anglais), aber vom fünften haben wir nicht die mindeste Ahnung.

31. Dezember: Vielleicht sollte man auf die großen und kleinen Ereignisse dieses Jahres zurückblicken. Politisch im weitesten Sinne ein Status quo voller Drohungen und Gefahren. Italien und das Papsttum warten auf den 15. September. Die Vereinigten Staaten bauen nach der Beendigung des Bürgerkriegs auf, schaffen die Sklaverei endgültig ab und beargwöhnen die Verlängerung unserer irrsinnigen Besetzung Mexikos... In England stirbt Lord Palmerston, d.h. sein wahrer König, der seit zehn Jahren herrschte... Anleihe der Stadt Paris, Anleihe Mexikos, Anleihe Österreichs, Anleihe der Türkei, und das Publikum hat gezeichnet. »La Biche au bois«, »Les vieux garçons«, »La Belle Hélène« und »La Famille Benoiton« waren

[1] Worth war ein Modeschneider.

die Erfolge des Jahres. »Die Afrikanerin« war sein großes musikalisches Ereignis. »La Femme à barbe«, das Thérésa sang, »La Vénus aux carottes«, gesungen von der Silly, und der Auftritt der Könige aus der »Schönen Helena« waren die populären Refrains des Jahres... Das Transatlantik-Kabel ist zum vierten oder fünften Mal gerissen, was die Engländer nicht hindert, im Frühjahr einen neuen Versuch zu unternehmen... Die Cholera hat uns eine unangenehme Visite abgestattet... Von diesem Jahr wird insgesamt nichts bleiben, weder ein Buch noch ein Stück, auch kein Ereignis, nicht einmal ein Chanson.

Gehen wir daraufhin über zu 1866.

1866

1. Januar: Es fängt fröhlich an, dieses 1866, und dies dank dem Schauspieler Désiré. Er spielt in Offenbachs »Les Bergers«, dem letzten Reinfall der Bouffes, die Rolle eines Pächters, der Bauern eine Rede hält. Désiré hat die Angewohnheit – ich weiß das besser als sonst jemand –, den Text der Autoren so wenig wie möglich zu respektieren, und vor ein paar Tagen gefiel es ihm, in seinen Speech folgendes Extempore einfließen zu lassen: Er steigt auf ein Faß und ruft aus: »Ich spreche zu euch im Namen der Prinzipien von 1789.« In diesem Moment bauz! purzelt er herunter. »Schön«, sagt er, »mein Faß bricht zusammen. Es ist wie die Prinzipien von 1789, nicht gerade solide...«

Und das war's schon. Aber der Zufall – der keineswegs dumm ist und der die Lächerlichkeit liebt – hatte just an diesem Abend einen Redakteur des »Siècle« ins Theater geführt, und zwei Tage später erschien auf der Titelseite des »Siècle« ein leidenschaftlicher Artikel gegen die Regierung, die den Schauspieler Désiré die Grundsätze von 1789 beleidigen läßt... »Le Siècle« hatte gesprochen, »L'Opinion Nationale« konnte nicht schweigen. Der Demokrat Guéroult mußte den Kampf aufnehmen wie zuvor der Demokrat Havin. Am selben Abend forderte »L'Opinion Nationale« ganz pompös Aufklärung über diesen bedauernswerten Vorfall. Wer war der Schuldige? Désiré, der Schauspieler, oder die Regierung?... Die Demokratie hat das Recht, das zu fragen, und sie fragte. Man kann der Demokratie nichts abschlagen, und einen Tag darauf wurde ein Communiqué, ein offizielles Communiqué an die beiden demokratischen Zeitungen gerichtet. Die Regierung Frankreichs war unschuldig. Désiré allein war schuldig. Er hatte den frevelhaften Satz hinzugefügt. Die Zensur hätte ihn niemals autorisiert... etc.... und das Communiqué schloß mit der Erklärung, der Darsteller Désiré sei bestraft worden... Unser politisches System ist demnach von der Art, daß die Regierung für die Marotten eines Schmierenkomödianten zuständig ist; die Verwaltung hat die Hände in allem, beherrscht alles, erlaubt alles, und daher kann man von ihr über alles Rechenschaft verlangen.

6. Februar: Premiere des »Blaubart«; ein Erfolg, ein echter Erfolg, wie mir scheint. Der erste Akt, fast Opéra comique, sehr applaudiert; die Schneider charmant als Bäuerin, und noch charmanter in ihrem Kostüm als Rosenbraut... Dazu die hübsche Musik dieses ganzen 1. Aktes und eine wirklich gelungene Ausstattung. Im zweiten Akt (1. Bild) mußten die Couplets vom Höfling wiederholt werden, alle Worte der politischen Szene und alle der intimen Szene bewundernswert verstanden. Das höchst pikante Motiv vom Handkuß fiel sofort auf, die Schneider in Schwung und Anmut außergewöhnlich. Das zweite Bild geht noch besser, soweit es möglich ist. Alles trägt, Musik wie Text... Ebenso glückliche Wirkung des dritten Akts, der von Anfang bis Ende unter Lachen und Bravorufen vonstatten geht... alles lief wie verzaubert, ohne den geringsten Schatten, unter allgemeinem Beifall. Das Stück wird ausgezeichnet gespielt und ist wunderbar inszeniert. Dieses Erfolgsmoment fehlte der »Schönen Helena«, deren

Regie miserabel war. An der Spitze steht die Schneider, die jetzt viel, viel, viel Talent hat; sie spielte und sang ihre Rolle mit einem Esprit und einem Talent ohnegleichen; die Begeisterung war einstimmig, und in der »Schönen Helena« hatten viele ihre Komik etwas heftig, etwas roh gefunden. Dupuis ist im roten wie im weißen Kostüm superb; er singt, wie man in der Opéra comique nicht häufig singt...

5. März: Letzten Donnerstag hielt Jules Favre seine Rede über Rom, und die beiden an jenem Tag am besten vorgetragenen Zeilen waren seine Rede und dann das »Batti, batti« aus »Don Giovanni«, wie es Adelina Patti sang. Welch bewundernswertes Talent! Nichts bezaubernder, nichts geistvoller, nichts jugendlicher, nichts angenehmer zu hören und zu sehen als sie...

6. März: Ich hatte wohl eben nicht ganz recht damit, daß es nichts Bezaubernderes als Mademoiselle Patti gäbe. Die Wahrheit zu sagen, bin ich sehr in Schwierigkeiten, wenn ich mich an einem freien Abend zwischen dem »Barbier« mit der Patti und »Martha« mit der Nilson entscheiden soll. Ich schwanke aufrichtig zwischen der Italienerin und der Schwedin, und ich liebe wohl die Schwedin mehr... In ihrem Gesang und ihrem Talent ist etwas Übernatürliches, etwas Fantastisches. Man müßte für sie eine von Hoffmanns Erzählungen auf die Bühne bringen, zum Beispiel »Antonias Lied«.

2. April: In den letzten Tagen ein Debakel an der Börse. Alles fällt, ausländische Werte noch mehr als der Rest. Vorwand für diesen Sturz ist die Auseinandersetzung zwischen Österreich und Preußen, die Kriegsgefahr; ich glaube nicht an Krieg...

4. April: Königin Marie-Amélie ist vor acht Tagen in Claremont gestorben. Allgemeines Bedauern gilt in Frankreich dieser sehr edlen Frau, die die Höhen und Tiefen des Glücks erfuhr. In den

18 Jahren ihrer Herrschaft erwies sie sich einfach, tugendhaft und voller Mitgefühl... Überhaupt, welch schöne Familie insgesamt diese Familie Orléans! Welch anständige Leute! Und wir haben sie verjagt! Ohne zu wissen, warum eigentlich. Die Februar-Revolution (1848) war wahrhaft ein Akt des Irrsinns.

5. April: Man muß seine Meinung auch ändern können. Vor zwei Wochen sagte ich, daß ich nicht im geringsten an Krieg glaube; heute glaube ich tatsächlich daran. Der Streit zwischen Österreich und Preußen ginge sicherlich nicht bis zum Krieg, wenn Frankreich, das heißt sein Kaiser, den Frieden wollte. Würden wir den beiden deutschen Mächten erklären: »Schlagt euch, wenn ihr Lust habt, aber hütet euch vor mir; ich, Frankreich, will mich weder mit dir, Preußen, noch mit dir, Österreich, verbünden oder arrangieren; ich schaue zu und warte ab; im rechten Augenblick aber nehme ich mir dann die Rheinprovinzen, auf die ich schon längst ein Auge geworfen habe...« Aber der Kaiser will nicht Frieden, er will Krieg und höchstwahrscheinlich wird gerade eine Allianz ausgehandelt, sei es mit Preußen oder mit Österreich, die uns beide den Rhein anbieten, wenn wir uns auf ihre Seite schlagen...

11. Mai: Seit Beginn des Monats ist der »Salon« geöffnet und die Kunstkritiker in allen Zeitungen sind wie entfesselt. Ich war damals im Salon, und dies sind meine Eindrücke:
An erster Stelle steht Courbet, er ist ganz entschieden ein großer Maler; seine »Remise des chevreuils« ist ein Meisterwerk und seine »Femme couchée« ein bewundernswertes Stück Malerei. Der Erfolg der Bilder Courbets ist übrigens sehr groß; man erkennt dieses wunderbare Talent jetzt einhellig an...

21. Mai: »Le Photographe« wurde gestern in den Variétés wiederaufgenommen. Baron, ein Anfänger, spielte den Gourdakirsch. Er erschien uns bei den Proben sehr komisch; das

Publikum war anderer Meinung, und das Publikum, wie Sie wissen, hat immer recht. Seitdem ist Baron komisch geworden; unser Eindruck war richtig.

7. Juni: Die Kammer ist soeben vom Gesetz über die literarischen Urheberrechte zum Gesetz über die Tilgung der Staatsschulden übergegangen. Die Diskussion wechselt, die Langeweile bleibt dieselbe…

18. Juni: Der Krieg ist ausgebrochen. Noch ist kein Kanonenschuß gefallen, aber die Preußen haben Sachsen und Hannover besetzt. Es scheint ziemlich sicher, daß wir insgeheim mit den Preußen verbündet sind, indessen kann ich mich nicht enthalten, ihnen alles erdenkbare Unglück zu wünschen.
Der Kaiser und die Kaiserin gingen heute in aller nur vorstellbaren Ruhe, wie gute Bürger, ins Theater, in eine Vorstellung von »Un Monsieur qui suit les femmes« im Palais-Royal. Der Kaiser lachte lauthals über die Einfälle von Perez. Ich sprach in den Kulissen mit der Mutter Montaland, die ein kleines Loch in die Dekoration gebohrt hatte, um sehen zu können, welchen Eindruck ihre Tochter Céline auf ihren Herrscher machte. Und während ich mich ständig mit dieser ehrenwerten Dame unterhielt, bewunderte ich ohne jeden Neid die Seelenruhe dieses Mannes, der ein wenig ins Theater lachen geht, während 150000 Mann in Deutschland und in Italien wegen seines Fehlers oder gar auf seinen Willen hin – wenn er denn einen Willen hat – sich daranmachen, einander zu töten. Und während ich diesem Gedanken nachging, stößt mich Frau Montaland Mutter strahlend an und sagt: »Er lorgniert Céline.« Ich schaue, und tatsächlich, er lorgnierte Céline.

24. Juni: Die Opéra-Comique bereitet eine »Mignon« von Ambroise Thomas vor. Das Théâtre-Lyrique wird »Roméo et Juliette« von Gounod herausbringen und die Oper den »Don

Carlos« von Verdi. Die Patti kommt wieder. Das Palais-Royal setzt »La Vie Parisienne« auf den Spielplan und die Variétés »Le Calife Haroun Al Raschid«. Bücher und Schauspiele dazugenommen genug, um Paris einen Winter lang zu langweilen oder zu unterhalten; ohne Unvorhergesehenes mitzuzählen.

30. Juni: Endlich ist die Sitzungsperiode beendet. Würden doch »La Vie Parisienne« und »Haroun Al Raschid« Erfolge, und könnte ich mich auf immer vom Corps législatif befreien! Ich habe soeben in Etretat ein sehr hübsches Haus gemietet; am Samstag fahre ich mit meiner Mutter und meiner Schwester hin; nach Paris komme ich erst um den 15. August zurück. Meilhac muß nach Etretat kommen und wir müssen dort unser Stück für die Variétés fertigstellen, das bisher kaum angefangen ist.

4. Juli: Gestern fand die große Schlacht in Böhmen statt, bei Königgrätz oder Sadowa. Die Österreicher wurden vollständig geschlagen... Es scheint, daß die Preußen den Kopf verlieren voller Freude und Stolz; sie glauben, ihr Zündnadelgewehr mache sie ganz und gar unbesiegbar...

25. Juli: Der Friede erscheint sicher. Österreich findet sich damit ab, aus dem Deutschen Bund auszuscheiden. Preußen macht beträchtliche Gewinne. Italien bekommt Venetien...

September: Sie konnten bemerken, mit welcher Hartnäckigkeit ich mich seit ein oder zwei Monaten aller politischen Plaudereien enthalte; ich finde eben kein Vergnügen daran, Ihnen Dinge zu sagen, die mich betrüben und mich empören. Was seit einigen Jahren in der Welt geschehen ist, muß meiner Meinung nach jeden guten Franzosen traurig stimmen. Die Politik des Kaisers war wahnsinnig, buchstäblich wahnsinnig...
Dieses Jahr ist ohne Zweifel verflucht. Wir hatten den Krieg in

Deutschland, wir haben immer noch den Krieg in Mexiko, die Cholera läßt nicht nach und hält uns im Griff, die Börse hat geradezu beispiellos schlechte Zeiten gesehen, die Ernte war abscheulich und jetzt suchen uns zu allem Überfluß Überschwemmungen heim und zerstören große Gegenden Frankreichs. Indessen, gehen wir weiter zum Oktober und wünschen wir ihm, daß er minder trist ist als der September.

12. Oktober: Unsere Proben im Palais-Royal machen uns gewaltige Sorgen. Die ersten drei Akte scheinen ja vergnüglich, aber die beiden letzten haben uns auf der Bühne nicht das gehalten, was wir uns von ihnen versprochen haben. Man muß sie überarbeiten, und wir werden sie überarbeiten. Ich habe wenig, sehr wenig Vertrauen in »La Vie Parisienne«. Zum Ausgleich bin ich zufrieden, sehr zufrieden sogar mit »La Grande-Duchesse«. Zugegeben, zwei Wochen vor der Premiere wird mir die »Großherzogin« wohl genausoviel Angst machen, wie mir im Moment das »Pariser Leben« Angst macht.

17. Oktober: Ich habe mir ein Pferd gekauft, einen kleinen Rappen.

20. Oktober: Die Proben zur »Vie Parisienne« machen mich beinahe verrückt.

4. November: Das waren zwei Wochen, die jetzt hinter mir liegen! Welche Qualen! Welche Entmutigungen! Welche Hoffnungslosigkeiten! Aber auch, nach alledem, welche Freude! »La Vie Parisienne« mußte mit Schimpf und Schande durchfallen. Die Darsteller hatten das Todesurteil gesprochen. Das Stück wird gar nicht bis zum Ende gespielt, sagten sie. Wozu überhaupt die beiden letzten Akte auswendig lernen, der Vorhang muß schon mitten im dritten fallen usw. Und wir daraufhin, voller Angst, glauben uns verloren. Schließlich kam

der Tag der Uraufführung, und am 31. Oktober, um Mitternacht, gab uns das Publikum recht. »La Vie Parisienne« ist ein großer, großer Erfolg, vielleicht unser größter Erfolg überhaupt, und dabei hatten wir »La Belle Hélène« und »Barbe-Bleue«.

Plakat zur Erstaufführung am 31. Oktober 1866.

10. November: Zehn Vorstellungen haben das vollständige Gelingen unseres Stücks bestätigt; die Presse hat einhellig seinen Erfolg festgestellt; die Partitur ist gewiß eine von Offenbachs besten; die Schauspieler sind ausgezeichnet und die Frauen bezaubernd; jeden Abend geht die Tyrolienne der Bouffar dacapo, das Finale des dritten Aktes (mit dem Tanz von Paurelle) und das Duett zwischen Brasilianer und Handschuhmacherin ebenso. Wir haben die Partitur für 10000 Francs verkauft, das Stück für 1500 Francs, die Einnahmen übersteigen jeden Tag 4000 Francs und zehn oder zwölf Vorstellungen sind im voraus ausverkauft. Das also ist das Stück, das wir verloren gaben, das uns Entmutigung bei Schauspielern und Direktoren einbrachte... Es wird wahrscheinlich unser längster Erfolg werden; viele Leute denken, das Theater könne es den ganzen Winter hindurch spielen.

31. Dezember: Nun ist es also zu Ende, dieses Jahr 1866. Es war mit Mexiko und Preußen voller Verhängnis für Frankreich. Das neue Jahr wird in völliger politischer Konfusion beginnen, und 1867 wird sich anstrengen müssen, um die Schnitzer und Torheiten des Vorjahres auszuflicken.

Heinrich Heine schrieb an jenem 22. März (1846) an seinen Verleger Campe: »Ekelhaft häßliches, preußisches Jahr!« Das ist wohl auch das Geschichtsurteil über 1866. Das große Ereignis von 1866 war: das Zündnadelgewehr.

1867

17. Februar: Heute morgen habe ich mich endgültig entschieden. Ich habe meine Stelle beim Corps législatif niedergelegt.

28. Februar: Von den sieben Jahren, die ich jetzt inmitten der Repräsentanten meines Landes verbrachte, nehme ich tiefste politische Gleichgültigkeit mit mir. Wie viele Ambitionen haben sich rund um meine bescheidene Person abgespielt. Und was die Überzeugungen angeht... es gibt keine, nicht die geringste Spur davon. Auf der Rechten ebensowenig wie auf der Linken. Leute, die wenig sind und viel werden wollen. Und das ist alles.

April: Welche Lücke im Tagebuch und welche Ereignisse in diese Zeit. Ich spreche nicht von der Luxemburg-Frage, die in einen Krieg zwischen Preußen und Frankreich zu münden droht. Ich spreche nicht von der Eröffnung der Weltausstellung (die eine der schönsten Angelegenheiten des Jahrhunderts sein wird). Diese beiden Ereignisse haben für mich seit vierzehn Tagen keine Bedeutung.

Hier, was mich beschäftigt hat: am Freitag, dem 12. April, eine halbe Stunde nach acht, ging der Vorhang im Variété über dem ersten Akt der »Großherzogin von Gerolstein« auf.

»La Grande-Duchesse« war ein großer Erfolg. Vier Stücke in zweieinhalb Jahren, und alle vier schlagen ein; alle vier sind, was man nur haben kann, Ereignisse im zeitgenössischen Theater. »Die Schöne Helena« fast dreihundert Aufführungen, »Barbe-Bleue« beinahe hundertfünfzig, »Pariser Leben« bald zweihundert (und steht noch immer auf dem Spielplan) und schließlich »Die Großherzogin von Gerolstein«, die – wenn nicht der einträglichste und längste, so zumindest der Erfolg ist, der am meisten Aufsehen macht... Schließlich kommt das Glück dazu und Herr von Bismarck arbeitet daran, unsere Einnahmen zu verdoppeln. Die Luxemburg-Frage kommt im rechten Moment, um unserem Stück eine aktuelle Pikanterie zu verleihen. Man sucht und findet darin Anspielungen gegen den Absolutismus und gegen den Militarismus. Die Ereignisse geben unseren Witzen eine Tragweite und ein Ungestüm, die niemand vorhersah.

20. Mai: Gestern fand die zweihundertste Aufführung von »La Vie Parisienne« statt. Diese 200 Vorstellungen wurden ohne einen einzigen Tag Unterbrechung gegeben.

6. Juni: Gestern ging der Zar, unberührt von den Beschimpfungen der kleinen Zeitungen, die ihm unablässig und voll Bitterkeit vorwerfen, er besuche nicht die Tragödien Racines (die das Théâtre-français gar nicht mehr spielt), gestern also (puh, welcher Satz) ging der Zar mit seinen beiden Söhnen in »La Vie Parisienne«. Es war die 217. Vorstellung. Der Kaiser sah den zweiten und dritten Akt, lachte von Herzen und ging. Die jungen Russen blieben. Die Einnahme betrug 3910, im Variétés 4910 Francs, im Vaudeville (»Die Kameliendame«) 1858, im Gymnase (»Madame Aubray«) 1972. Die Beschimpfungen werden sich verdoppeln. »La Grande-Duchesse«, dann »La Vie Parisienne«, das bedeutet eine Entscheidung für mich.

Jacques Offenbach an Meilhac und Halévy
(Brief ohne Datum)

Liebe Freunde,
ich kann auf keinen Fall das Finale machen, bevor Ihr es mir auf
die Beine stellt.

Nach dem Ensemble, also, und vor dem ersten Trinklied,
brauche ich Details zwischen den Solisten, – etwa: »Welchen
Wein wollen Sie?« – oder: »Welchen Wein trinken Sie?« –
Alle wollen dem Baron einschenken. Pauline kann sich auch mit
Zärtlichkeiten an ihn wenden etc. etc., dann das Lied.

Nach dem Lied brauche ich desgleichen »Stammelei«, um zur
Trunkenheit zu gelangen. Man kann auf das Wohl von jeder-
mann trinken und dabei immer und unaufhörlich einschenken.

Mit einem Wort, stellt es mir auf die Beine, damit ich mich
gleich bei meiner Ankunft in Paris daransetzen kann. Meine
Aufgabe ist in diesem Finale sehr schwierig, wenn ich stufen-
weise zu einem großen Effekt gelangen will.

Ich brauche auch den 2. Akt für die Variétés.[1] So wie ich ihn
habe, kann ich nicht das geringste daran tun.

Ihr unglückseligen jungen Leute, die Ihr gezwungen seid,
gezwungen zu arbeiten.

Und ich, nun!!!
Ich umarme Euch.

Euer J. O.

Sonntag, Etretat

---

[1] Es handelt sich um die »Großherzogin von Gerolstein«.

Jacques Offenbach an Hortense Schneider

Meine liebe Freundin,
ich weiß, daß sich Meilhac um eine Loge für Dich kümmert; es
wäre wohl nötig, daß Du bei unserer Premiere bist. Eine
Premiere von mir ohne meine geliebten Töchter, ohne Helena
und Boulotte, wäre ein unmögliches Ding gewesen! Also bis
morgen! Ich hoffe, daß Du mehr als ein Paar Handschuhe
verbrauchst, wenn Du den bewundernswerten Dingen applau-
dierst, die ich in unserer »Vie Parisienne« gemacht habe.
In den nächsten Tagen ist Leseprobe.[1] Dein hochachtungsvoller
Vater,

Jacques Offenbach

Dienstag

---

[1] Für die »Großherzogin von Gerolstein«.

Ludwig Kalisch

Paris ist die Lorelei der Städte. Sie lockt durch den bezaubernd-sten Gesang tausend junge Schiffer herbei, um sie dann von den brausenden Wellen verschlingen zu lassen. Man kann nicht genug vor ihr warnen.

Bertall

PARIS-FÜHRER FÜR FREMDE

Einfache Ratschläge für Leute, die in Paris
nicht zu Hause sind

Paris ist jene Stadt, in der man am meisten im Rampenlicht stehen, aber auch jene, in der man sich am besten verstecken kann, die Stadt, in der man sein Geld am schnellsten loswerden, und jene, in der man am sparsamsten leben kann – wenn man es will.

Die Stadt, in der Leute von Begabung, Kühnheit oder Verstand den größten Erfolg haben können, wo Industriebarone, Spitzbuben und Taschendiebe den besten Boden für ihre Geschäfte finden.

Wo Männer von Geist zuweilen Erfolg haben, wo eine große Zahl von Dummköpfen nach oben gekommen ist.

Wo man sich ungehemmt der Tugend hingeben kann, wo das Laster am besten auf seine Rechnung kommt.

Wo die Kardinaltugenden am weitesten verbreitet sind, wo die sieben Todsünden noch mehr in Blüte stehen.

Daher kommt alle Welt einmal und immer wieder nach Paris.

Jeder kann dort finden, was er sucht.

Ein Tourist sagte einmal: Überall sonsthin reist man, in Paris kommt man an.

Nach Ihrer Ankunft sollten Sie zuerst sorgfältig den Inhalt Ihrer Brieftasche und Ihres Portemonnaies prüfen.

Diese Prüfung ist unerläßlich und muß gewissenhaft durchgeführt werden.

Ihre Bilanz lautet: Fünf Francs am Tag.

Vermeiden Sie, im Grand-Hôtel, im Hôtel du Louvre, im Bristol oder du Rhin, im Meurice, im Mirabeau, im Helder oder im Hôtel de Castille abzusteigen.

Geben Sie jenen Hotels die Ehre Ihrer Aufmerksamkeit, deren Laternen abends in den Bahnhofsgegenden leuchten.

KOSTENVORANSCHLAG FÜR SCHMALE BÖRSEN

Übernachtung mit Bedienung	2 f –
Mittagessen: Zwei Gänge, Dessert, Karaffe,	
Brot à discretion.	– 80

(Auf den Boulevards werden Ihnen gewiß unauffällig Adressen in die Hand gedrückt.)

Abendessen. Im gleichen Lokal	1 25
Ein Kaffee, um den Kopf klar und das	
Herz frei zu haben.	– 40
Trinkgelder, um besser angesehen zu sein	– 15
Omnibus, Kutsche, um die Boulevards zu besuchen	– 15
Dito, retour	– 15
Unvorhergesehenes, Kleinbeträge	– 15
Summe	5 f –

Mit diesem Budget können Sie vieles besichtigen: was von den Tuilerien übriggeblieben ist, das Hôtel de Ville, die Granate im Invalidendom, den Jardin du Luxembourg, das Pantheon, den Jardin des Plantes, Notre-Dame, die Champs-Elysées, das Palais-Royal, die Börse, die Boulevards und sogar den Bois de Boulogne.

Besonders interessant sind die Pariser Friedhöfe; besuchen Sie sie reihum, möglichst in den Morgenstunden bis Mittag oder spätestens bis zwei Uhr. Wenn Sie es geschickt anstellen, können Sie bequem in die Stadtmitte zurückkehren oder anderswohin gelangen, wenn sie mit einem der Trauerwagen fahren, die um diese Zeit sehr häufig verkehren. Es kostet Sie nicht das Geringste.

Seien Sie vorsichtig und beginnen Sie nicht die mindeste Unterhaltung mit einer Dame, so hübsch sie auch sein mag, die vor der Auslage eines Juweliers steht.

Regnet es, keine Kutsche nehmen; ins Palais-Royal gehen oder in einer Passage promenieren.

Abends kann man Musik auf den Champs-Elysées hören, aber sich nicht in die Café-concerts setzen; dort sind die Getränke und Speisen abscheulich und die Sängerinnen aus der Nähe wenig erfreulich anzusehen.

Niemals den Fuß ins Theater setzen, da dessen Moral im allgemeinen mäßig und zuweilen bedenklich ist. Ausnahme: Sie werden auf dem Boulevard auf ihr seriöses Aussehen hin, und nachdem man Ihre Hände für gut befunden hat, eingeladen, den Claqueur zu machen.

Rückkehr ins Hotel vor Mitternacht. Verspäten Sie sich nicht, indem Sie mit jemand, sei es Mann oder Frau, unter welchem Vorwand auch immer, ein Gespräch beginnen.

Am nächsten Tag – unter strengster Beachtung der hier gegebenen Regeln – dasselbe Programm.

Es zeugt von Voraussicht, wenn sie eine goldene Uhr mit Kette bei sich haben.

Table d'hôte im Faubourg Montmartre.
Der Chef des Hauses schneidet den Braten, um möglichst
viele Scheiben zu bekommen.

Hat Ihnen das Unglück – wenn Sie etwa an der Table d'hôte oder in einem Restaurant »Bouillon Duval« essen müssen – oder irgendeine unvorhergesehene Schwachheit eine zufällige Überschreitung ihres täglichen Budgets verursacht, so erinnern Sie sich daran, daß Sie im Gebäude des Pfandhauses eine Verwandte haben, die Ihnen diese Uhr skrupulös aufbewahrt, damit sie Ihnen nicht verlorengeht, und die Sie auch mit den Mitteln versorgt, die Ihnen fehlen.

Sorgen Sie dafür, daß Sie immer Papiere bei sich haben, mit denen Sie Ihre Identität belegen können.

Wenn Sie einen Guide Joanne, gute Beine, einen gesunden Magen, scharfe Augen und einen großen Regenschirm haben, können Sie sich nach 14 Tagen rühmen, Paris besser zu kennen als ein Pariser, der jeden Tag in sein Büro und sonntags nach Asnières oder nach Meudon geht.

Wer keine 5 Francs am Tag aufbringen kann oder will, kann seine Zuflucht zu gewissen Hotels garni nehmen, wo man für vier Sous ordentlich übernachten kann; freilich ist die Gesellschaft dort ein wenig gemischt; wir können eine derartige Sparsamkeit, ausgenommen im Notfall, nicht empfehlen.

Übernachtung	0 f 20
Mittagessen	– 40
Abendessen	– 80
Ein Liter	– 55
	1 f 75

Dies ist nicht sehr teuer, aber diese Art der Existenz bringt wenig Ansehen mit sich und führt zu mittelmäßigen Bekanntschaften. Man ziehe es vor, zu Hause zu bleiben.

Haben Sie zwanzig Francs am Tag zu verleben, wird die Lage allmählich befriedigend. Indessen muß man sich genau in der Hand haben.

KOSTENVORANSCHLAG FÜR HALBE BÖRSE

Zimmer in einem Hotel nahe den Boulevards einschl. Bedienung	4 f –
Mittagessen in einem Restaurant mit prix fixe für Reisende	2 50
Dito Abendessen	4 –
Kaffee und Zigarren	1 –
Wagen und Omnibus	3 –
Karte fürs Theater oder Café-concert	5 –
Unvorhergesehenes	– 50
	20 f –

Im Bistro an der Ecke

Der letzte Posten ist überaus mäßig angesetzt. Daher muß man natürlich, wenn dieses Unvorhergesehene zu stark oder zu anziehend ist, die vorhergehenden Posten entsprechend plündern oder ausquetschen.

Vermeiden Sie unter allen Umständen jede Table d'hôte, an der man spielt oder wo Damen sind.

Einmal in der Woche kann man zum Bal Mabille gehen, freilich nur als Zuschauer.

Zu Fuß zurückgehen und dabei eine Zigarre rauchen.

Können Sie dreißig Francs am Tag ausgeben, dann können Sie sich ins Grand-Hôtel wagen, aber mit Vorsicht und Maß.

KOSTENVORANSCHLAG FÜR MITTLERE BÖRSEN

Ein bescheidenes Zimmer mit Bedienung	5 f –
Mittagessen	4 –
Abendessen	6 –
Kaffee und Zigarren	1 –
Wagen und Omnibus	3 –
Eintritt fürs Theater oder Café-concert	
mit Verzehr	5 –
Unvorhergesehenes	5 –
	30 f –

Bei der Heimkehr von der Reise können Sie Ihre Eindrücke aus dem Grand-Hôtel erzählen; und an der Table d'hôte werden Sie Bekanntschaften machen, die Ihnen nützlich werden können, vorausgesetzt, daß sie nicht bedauerlich sind. – Es liegt an Ihnen, die rechte Wahl zu treffen.

Die beste Voraussetzung, um sich in Paris wohlzufühlen, besteht darin, eine schöne runde Summe in Gold mitzubringen, samt einem Kredit bei einem Banquier, um die Summe wieder aufzufüllen, sobald sie verschwunden ist.

Mit diesem ausgezeichneten Reisepaß versehen, kann ein junger Mann, der zu leben versteht, überall unterkommen, wunderbar nach Belieben essen, in einem eleganten Wagen ausfahren, wann er Lust hat, zu einem bestmöglichen Diner alle die einladen, die er einladen möchte, nach freier Wahl ins Theater gehen, danach mit wem auch immer soupieren und schlafen, wo er will.

Alles gehört ihm, die berühmtesten Freunde, Kleidung, Schmuck und Kunstwerke von erstem Rang, die schönsten Pferde, die erfolreichsten Frauen, die erstrebenswertesten guten Taten.

All dies vereint findet er nur in Paris.

Er kann unbegrenzt Gutes oder Böses tun, wie er will.

Es handelt sich nur darum, das Geld dafür aufzubringen.

Grand-Hôtel. Table d'hôte

Um sieben Uhr. Aufstehen. Ritt durch den Bois de Boulogne, oder auch Besuch im Salon de peinture.

Neun Uhr. Besuch vom Schneider, Schuster, Hemdenmacher; Lektüre der Post; Toilette machen.

Zehn Uhr. Besuch von Freunden. – Nicht zu viele haben.

Elf Uhr. Déjeuner, Café Anglais, Maison d'Or oder Brébant.

Zwölf bis zwei Uhr. Spazierfahrt im Coupé durch die Stadt. Ein- oder mehrmals Station machen.

Zwei bis vier Uhr. Einer Versteigerung beiwohnen oder Künstler in ihrem Atelier besuchen.

Vier bis sechs Uhr. Höflichkeitsbesuche bei Damen oder Prome-
nade im Bois de Boulogne.

Sechs bis acht Uhr. Über den Boulevard bummeln; in einem
berühmten Restaurant oder – auf Einladung eines Freundes –
im Club dinieren.

Acht bis elf Uhr. Theater oder Konzert; Soiree oder Ball.

Elf bis ein Uhr. Abstecher in den Club; sich vor dem Baccarat in
acht nehmen; soupieren.

KOSTENVORANSCHLAG FÜR EINE VOLLE BÖRSE

(Voraussichtliche Tagesausgaben)

Passendes Pferd aus einem der Ställe auf den Champs-Elysées oder bei Henri Pellier, Avenue de l'Impératrice, auf meine Empfehlung oder die von irgend jemand sonst	20 f –
Ein Wagen, Coupé oder Victoria, je nach Jahreszeit, mit Personal	30 f –
Appartement in einem eleganten Hotel	40 f –
Déjeuner	15 –
Diner	20 –
Zwei Paar Handschuhe	10 –
Theater oder Konzert	10 –
Ein Bouquet	20 –
Souper	30 –
Wäscherin	3 f 50
Kleidung und Toilette-Artikel	50 –
Unvorhergesehenes	100 –
(Der Erwerb von Schmuck oder Kunstwerken ist hier nicht aufgenommen, diese Gegenstände bieten einen Gegenwert)	————
Summe	348 f 50

Für dreihundertfünfzig Francs am Tag kann man als Junggeselle gute Figur machen und von fast allen Annehmlichkeiten der
Hauptstadt profitieren.

Wer eine legitime Frau mitbringt, vor allem, wenn er gerade
erst geheiratet hat und seine Hochzeitsreise macht, wird zu
zweit nicht mehr ausgeben als ein Junggeselle allein, ein
Singleman – abgesehen natürlich die Einkäufe von Madame.

Wichtiger Hinweis
Lassen Sie sich immer vom selben Kellner bedienen.
Achten Sie auf das Trinkgeld.

Für die vorhergehenden Kategorien dagegen sind die Ausgaben
für zwei Personen mehr als doppelt so hoch.

Mithin kann man Paris in einem Monat für 150 Francs erfor-
schen. Aber die Studienmöglichkeiten werden im selben Maße
größer, wie man die Kosten aufbringen kann, die sie erfordern.
Im selben Maße wird das Studium auch gründlicher und
intimer.
Wer tausend Francs am Tag, das heißt dreißigtausend Francs im
Monat, ausgibt, kann dann ungefähr all das wissen, was zu
wissen gut ist, und fast umfassende Studien machen, vorausgesetzt, er ist halbwegs vernünftig und sparsam.

Bertall

PARISER BESUCHER

Einige der Typen, die kommen, um Geld auszugeben,
zu verdienen oder gar zu ergaunern

| Numa Pompilius de la Vaucluse | Colonel Watt-ferfisch vom 2. der gelben Kürassiere | Don José dos Contos de Reis y Castagnettas | Captain Shelling aus Manchester | Reverend Archibald aus Kentucky |

»Wir sind gerade erst acht Tage in Paris.« »Köstlich sehen Sie aus, Madame,
Sie haben Ihre Zeit nicht vertan. Man wird Sie in Agen nicht wiedererken-
nen. Welchen Erfolg werden Sie bei den Damen von Saint-Yrien haben!«

Ein bewachter Gast
General Keventukitoff

Ein betuchter Gast
Pascha Aboul-lab-Rez

Sie kommt, um sich eine Zukunft auf-
zubauen. Hat vortreffliche Beine, will
aber nicht mehr lange zu Fuß gehen.

Kommt aus der Normandie, um den
Beruf eines Millionärs zu erlernen

Kommt, um Gelder zu suchen

Gäste aus London, die das Problem der Porte-Monnaies studieren wollen. Im Frühjahr ist die Ernte am besten.

Marius Démosthènes Caussade will sein Öl verströmen und die Frauen studieren.

Börsengeschehen
Man nimmt sich nicht um die Taille. Vielmehr eine liebenswürdigere Art zu prüfen, ob die Börse gespickt ist.

Miss Blue-Stockings aus London, die
die Männer studieren möchte.

Schlechter Auftritt
So kommt man übel an.

Guter Auftritt
So kommt man fein an.

Ludwig Kalisch

WO DER CANCAN AUFHÖRT…

Die Tänze auf den Opernbällen haben zwar verschiedene Namen, aber es ist sehr schwer, auf diesen Bällen die Walzer vom Galopp, die Polka vom Schottischen zu unterscheiden. Es ist alles eben nur der Cancan, der sich unter verschiedenen Namen ankündigt. Wenn mich aber ein wißbegieriger Leser fragt, was der Cancan für ein Tanz sei, so kann ich ihm nur antworten, daß ein Deutscher, als er voriges Jahr diesen Tanz in einer der Pariser Vorstädte zum ersten Male gesehen, sogleich in Ohnmacht gefallen ist. Was mich betrifft, so will ich nicht heucheln. Meine Tugend kann sich leider keiner Ohnmacht rühmen; ich gestehe sogar, daß ich im Saal Valentino, wo ich den Pariser Cancan zuerst gesehen, es eine ganze Stunde aushalten konnte, ohne daß mir's übel geworden wäre; soviel aber ist gewiß, daß der liederlichste deutsche Fuß doch immer noch zu moralisch ist, um sich mit diesem Tanze zu beschäftigen. Doch was spreche ich von Füßen? Der Cancan wird nicht bloß mit den Füßen, er wird auch mit den Händen getanzt. Ja, das eigentliche Tanzen macht den Cancan noch nicht zum Tanze, sondern die ihn begleitende Mimik, die heftige frivole Sprache, die dabei mit allen Gliedern gesprochen wird. Wahrlich, wenn diese Sprache hörbare Worte wären, müßte man sich die Ohren zuhalten. Soviel ist ebenfalls gewiß, daß von dem Cancan sich nicht nur die Tugend, sondern auch die Grazie errötend abwendet, und was mich betrifft, so hat er noch mehr mein ästhetisches als mein sittliches Gefühl verletzt.
Der Cancan ist der Tanz des toll gewordenen Fleisches. Diese Tollheit ist zwar von der Polizei verboten, und die Priester der Sittsamkeit stehen in Gestalt von bärtigen Sergeants de ville auf

jedem öffentlichen Volksball, um die Tollheit, wenn sie allzu toll wird, zu einiger Vernunft zu bringen. Aber die Sergeants de ville sind selbst Pariser, und es muß schon sehr arg zugehen, bis ihre, in dieser Beziehung diskretionäre, Gewalt einschreiten zu müssen glaubt.

Die Pariser cancanisieren jeden Tanz, und man kann leicht sehen, wie sie die Grenze des von dem sittlichen Anstand Erlaubten zu dem von der Polizei Verbotenen überspringen; wie weit sie sich aber in ihrer Tanzwut von dieser Grenze entfernen, das hängt nur von der Toleranz, von der Tugend und dem Keuschheitsgefühl der anwesenden wachhabenden Polizeidiener ab. Wo das Sittlichkeitsgefühl aufhört, fängt der Cancan an; wo aber der Cancan aufhört, das wissen nur diejenigen, die viel mehr wissen, als meine Leser je zu wissen brauchen.

Die einzige Tugend, die der Cancan besitzt, ist seine Aufrichtigkeit. Der Cancan ist kein Hypokrit, und es sind nicht die Jesuiten, die ihn erfunden haben.

Auf den großen Opernbällen, wo man in Frack und gelben Glacéhandschuhen erscheinen muß, kann der Cancan, wenigstens vor vier Uhr morgens, sich nicht allzuweit von der Grenze des Erträglichen entfernen. Nach vier Uhr aber, wo sich bereits alles Weibliche entfernt hat, was nicht aus dem Krieg mit der Sittlichkeit ein Gewerbe macht, benutzt der Cancan noch die einzige Stunde vor dem Ende des Balles, und in dieser Stunde wird die röchelnde Moral vollends zu Tode getanzt.

Ich habe oben unter den Masken die Debardeurs erwähnt. Diese Debardeurs, die man durch die graziösen Zeichnungen Beaumonts im »Charivari« auch in Deutschland kennt, sind die vorherrschenden Masken auf den Musardschen Bällen. Es sind Grisetten und andere noch ein Dutzend Stufen unter den Grisetten stehende Mädchen, die als Debardeurs die großen Opernbälle besuchen. Man kann sich nichts Reizenderes, nichts Anmutigeres denken als diese Debardeurs. Sie tragen weite Samt- oder Atlashöschen, die kurz genug sind, um das Füßchen in seiner ganzen Pariser Niedlichkeit sehen zu lassen. Diese Füßchen sind in der Tat oft so klein, daß die seidenen Schuhe, in denen sie stecken, einem wahrhaft deutschen Kinderfuße nicht allzu weit sein würden. Diese Füßchen und deren Bekleidung sind der Stolz der Debardeurs, so wie überhaupt der Fuß der Stolz und der Gegenstand der sorgfältigsten Pflege jeder Pariserin ist. Um den Leib tragen sie gewöhnlich einen Gürtel, sonst aber tragen sie nichts; denn das faltige, weite Hemd dient mehr dazu, die weißen Geheimnisse der Schultern und deren weiteste Umgebung zu offenbaren als zu verbergen.

Die Debardeurs sind von den Hüften aufwärts so gekleidet, daß man sehr deutlich die Stelle sehen kann, unter welcher ihr Herz schlägt, jenes Herz, das für so viele schlägt. Auf den Köpfchen tragen sie kleine weiße kokette Filzhütchen, die auf Krakeel sitzen. Sie fangen aber nie Krakeel an, es sei denn mit der Tugend, wenn diese sich vorlaut in die Mysterien des Cancans einmischen will, oder mit der gesunden Vernunft, sobald diese sich herausnimmt, ihnen größere Aufmerksamkeit auf die Gesundheit zu empfehlen.

Ludwig Kalisch

GRISETTE, DIE (SEHR WEIBLICH)

Es ist möglich, daß ich mich durch diesen Aufsatz in den Augen
der deutschen Gelehrtenwelt sehr lächerlich mache; denn es ist
möglich, daß in der Enzyklopädie von Ersch und Gruber sub
voce *»Grisette«* die gründlichste Abhandlung über diesen Gegenstand zu lesen ist, während ich, ohne alle tiefere Kenntnis,
ohne genaues Quellenstudium, nur oberflächlich ein Thema zu
berühren vermag, das vor mir sehr viele gewiß nichts weniger
als oberflächlich berührt haben. Ja, ich gestehe sogar, wenn
mich ein deutscher Professor nach der Etymologie des Wortes
»Grisette« früge, daß ich in dieser Beziehung so unwissend wäre
wie Heinrich Laube in jeder anderen. Ich gestehe ferner, daß es
viel leichter ist, *mit* den Grisetten als *von* den Grisetten zu
sprechen, und wenn ich dies letztere dennoch tue, so habe ich
kein anderes Verdienst als das des seltenen Mutes, der dazu
gehört.

Die Grisette hat viel Eigentümlichkeiten. Unter diese gehört
besonders die außerordentliche Sorgfalt, die sie auf ihre Chaus-
sure verwendet. Ihr Fuß beschäftigt sie mehr als ihr Kopf, und
sie kokettiert mehr mit jenem als mit diesem. Die Grisette geht
nicht, sie hüpft nur; und wenn sie über die Trottoirs der
Boulevards eilt, geschieht dies mit solch anmutig-leichten
Schritten, daß man glaubt, sie schriebe mit ihren Füßchen ein
flüchtiges Billet doux auf den Asphalt. Die Grisette besitzt die
große Kunstfertigkeit, während des schmutzigsten Wetters halb
Paris zu durcheilen, ohne daß der Schnee ihrer blendendweißen
Strümpfe auch nur durch das allergeringste Fleckchen verun-
ziert wird. Die Grisette hält auf die Unschuld ihrer Strümpfe
viel mehr als auf die Unschuld ihres Herzens, und nichts reizt

ihren Unwillen so sehr, als wenn ein ungeschickter Fuß den ihrigen verunreinigt. Daß sie nie versäumt, die Schönheit ihres Fußes zu zeigen, kann man sich leicht denken. Sie ist in dieser Beziehung durchaus nicht geizig, nicht einmal sparsam. Sie zeigt nicht bloß den schönen Fuß, sondern auch wo das Halbstiefelchen anfängt und soviel von dem Strumpf, als nötig ist, um einem schwachen Auge wohltätige Schmerzen zu verursachen.

Die Pariser Grisetten-Füßchen erregen besonders die Bewunderung der Ausländer, und schon mancher Gelehrte, der nach Paris gekommen, um auf der großen Bibliothek seltene Manuskripte zu studieren, hat sein Studium diesen Füßchen zugewendet.

Tanzen ist das erste und letzte Vergnügen der Grisette. Für sie ist eigentlich das ganze Leben nur ein Tanz, eine wilde Polka, ein frivoler Cancan, und ihr Dasein hätte keinen Reiz für sie, wenn sie nicht die Hälfte desselben wegtanzen könnte. Im Tanze zeigt die Grisette ihr Talent, ihre Grazie, ihren Geist. Die beste Tänzerin sein heißt für sie, die Beste von den Besten sein. In einer Polka Beifall erregen, in einem Galopp sich hervortun ist ihr Stolz, ist die Befriedigung ihres größten Ehrgeizes. Für die Grisette hat die Zeit nur Minuten, höchstens Stunden; über eine Stunde hinaus rechnet sie nicht, und es ist ihr gleichgültig, was der nächste Morgen geben oder nehmen mag. Sie hält den Leichtsinn für den Sinn des Lebens und den Ernst für den größten Unsinn; deshalb tanzt sie so gern.

Paul de Kock ist der Frauenlob der Grisetten, und wenn er einst stirbt, werden sie ihn vielleicht auf ihren Schultern zu Grabe tragen, wie es vor mehr als einem halben Jahrtausend die Mainzer Jungfrauen mit dem deutschen Meistersänger getan. In diesem Falle wird aber sein Leichenzug viel größer sein als der des deutschen Meistersängers, da Paris mehr Grisetten als Mainz Jungfrauen besitzt.

Man darf die Grisette nicht mit der Lorette verwechseln. Die

Grisette schenkt ihr Herz an den Wenigstfordernden; die Lorette verkauft es an den Meistbietenden. Die Grisette will einen Arm, in den sie sich vertrauensvoll hängen mag; die Lorette will eine Equipage, um in deren Polstern durch die Straßen von Paris zu fliegen. Die Grisette ist eine Freundin der Armut und der Armen, und sie opfert alles, wo sie Aufopferung sieht; die Lorette aber läßt jeden reichen Mann auf ihre Gunst abonnieren, und der reichste Abonnent ist ihr der liebste. Es gibt viele Loretten, die sehr viel Abonnenten haben; es gibt aber keine einzige unter ihnen, die nicht noch mehr haben möchte.

Die Grisette wohnt selbst in den allerärmsten Stadtteilen, wo die Tugend und die Not oft in einem Dachstübchen verborgene Tränen weinen; die meisten Loretten aber wohnen in dem reichsten Quartier von Paris, in der Rue Lafitte, in der Rue de la Chaussée d'Antin und in den benachbarten Straßen, deren Mittelpunkt die kokette Kirche Notre-Dame-de-Lorette bildet.

Die Grisette liebt ein aufrichtiges Herz; die Lorette aber liebt die Hautefinance, die jüdischen Christen und die christlichen Juden, die alles, nur nicht das Gold, für eine Chimäre halten und an denen nichts Respekt verdient als ihre Wechsel.

Die Grisette steht also moralisch höher als die Lorette, und gerade um soviel höher, als die Lorette durch äußeren Glanz über ihr steht. Es geschieht zuweilen, daß die Grisette Lorette wird, was soviel heißt als mehrere Stufen hinaufsinken. Die Grisette muß viele Tugenden ausziehen, bis ihr die seidenen Kleider passen, durch die ein Frankfurter Jude, dessen Stimme auf der Pariser Börse einen guten Klang hat, ihre Gunst zu erwerben oder sich zu erhalten glaubt.

Wie das Geld ein Kosmopolit ist, so ist die Lorette, die nichts so sehr liebt als das Geld, eine Kosmopolitin. Die Lorette hat kein spezifisches Nationalgefühl. Im Gegenteil, sie sucht jene Nationen am meisten auf, die der französischen am widerwärtigsten, nämlich die Engländer und die Russen. Die Grisette aber ist eine beschränkte Französin, die auf dem patriotischen Standpunkte steht. Ein armer, junger, schöner Franzose ist ihr lieber als ein reicher, alter, häßlicher Nichtfranzose.

Was die politische Gesinnung betrifft, so ist die Grisette durchaus demokratisch, während die Lorette durchaus aristokratisch ist. Manche Grisette hat schon an der Seite ihres Geliebten auf den Barrikaden gekämpft; die Lorette kämpft aber nicht auf den Barrikaden, weil keiner ihrer Geliebten dort zu finden ist.

Die Grisette hat keine große Vergangenheit, wenn sie Grisette wird; von der Unschuld zum Grisettentum ist nur ein Schritt, ein Fehltritt. Zwischen der Unschuld und dem Lorettentum aber gähnen Klüfte und Abgründe. Die Lorette hat bei ihrem Eintritt ins Lorettentum oft ganze historische Epochen hinter sich.

Die Lorette steht gewöhnlich schon im Sommer ihrer Jahre; sie muß daher die Zeit benutzen, ehe der Spätsommer ihr mit unartig deutlichen Zügen den Geburtsschein ins Gesicht schreibt. Ihr einziger Vorzug ist die Jugend; wenn sie sich während derselben die Zukunft nicht sichert, so haben alle ihre früheren Siege nur dazu gedient, ihr, die nicht zu arbeiten gewohnt ist, das Elend noch fühlbarer zu machen, das in späteren Jahren ihrer wartet. Es gibt aber nur wenige unter ihnen, die sich mit der Zukunft beschäftigen; es gibt nur wenige unter ihnen, denen es gelingt, von einem ihrer reichen Anbeter sich eine Rente verschreiben zu lassen oder ihn gar zu einem legalen Bündnis zu bewegen. Die meisten müssen dann zu einem Gewerbe greifen, das keine Annehmlichkeit des frühern besitzt. Sie fahren dann nicht mehr in Karossen und wohnen in keinem chambre garnie auf der Rue St-George oder der Rue Mogador, und sie tragen keine seidenen Kleider und keine indischen Schals. Ein buntes Tuch um den Kopf gewickelt, einen Korb Orangen vor der Brust, stehen sie dann vor den Schauspielhäusern oder gehen durch die Straßen und schreien

Kunden für ihre Früchte herbei. Manches Weib bietet jetzt Schollen und Makrelen feil, das vor einem Jahrzehnt den Pariser Löwen die goldenen Mähnen abgeschnitten und durch ihre schmachtenden Blicke unzählige Ehefrauen zur Verzweiflung gebracht hat, und sie hat von allen ihren Siegen nichts, gar nichts gerettet als faule Fische und das alternde Haupt.

In Paris hat die Liebe eine außerordentliche Scheu vor dem Altar, vor dem priesterlichen Segen. Amor arbeitet hier nicht gern dem Gott Hymen in die Hand, sondern spielt ihm einen tollen Streich nach dem andern. Er ist nicht nur ein Freund der wilden Ehen, sondern er verwildert auch die Ehen, wo er kann, und wahrlich! er kann viel. Man gibt hier der Liebe so viel Kredit, daß man sich arm geborgt, wenn man in die Ehe tritt. Die Pariser Männer heiraten oft dann erst, wenn ihr Herz schon Bankrott gemacht oder eben im Begriff ist, die Zahlung einzustellen. Mancher junge Ehemann hat einen zehnbändigen Lebensroman hinter sich, in welchem Schauspielerinnen, Tänzerinnen, Loretten, femmes entretenues und reizende Halb- und Vierteltugenden verwickelte Rollen gespielt; sobald das junge Weib dies merkt, fängt sie, wenn sie die Rache für ein süßes Gefühl hält, ebenfalls einen Roman an, der oft noch bändereicher und verwickelter wird als der ihres Gatten.

Josef Heinzelmann

NACHWORT

In der langen Reihe der Nebenwerke, die – zur Überraschung, manchmal gar zum Unwillen ihrer Schöpfer – mehr Ruhm und Nachruhm eintrugen als die beabsichtigten Chef d'œuvres, bildet Jacques Offenbachs »La Vie Parisienne« eine Besonderheit. »Die Zauberflöte«, »Der Freischütz«, selbst »Die Dreigroschenoper« stehen durchaus als Unika in den Werklisten ihrer Schöpfer da. »Pariser Leben«, als Gelegenheitsarbeit, als kleiner Nebenverdienst des Kleeblatts Offenbach, Meilhac und Halévy gedacht, ist der Ausbund des von ihnen geschaffenen Genres der Opéra bouffe, der »Offenbachiade« geworden, mehr als selbst »Die schöne Helena« oder »Die Großherzogin von Gerolstein«.

Dabei handelt es sich gar nicht um eine Opéra bouffe, jedenfalls nicht nach den ursprünglichen Absichten der Autoren und der Theaterleitung des »Palais Royal«, die den Auftrag zu dem Stück gab. Es sollte ein Vaudeville für singende Schauspieler werden und wurde es auch, wie der ursprüngliche Untertitel »Pièce en cinq actes« verrät. Das Ensemble dieses Sprechtheaters war allerdings – gewiß auf Offenbachs Wunsch hin – um sage und schreibe acht Choristen und eine Sängerin erweitert worden: Zulma Bouffar, die erste Gabrielle. Der Wunsch Offenbachs zielte wohl weniger auf größere Möglichkeiten für musikalische Ergüsse, es ging eher um eine Beschäftigung für seine geliebte Zulma, die er nicht unter den Augen seiner Frau an den von ihm geleiteten und beherrschten Theatern unterbringen konnte oder wollte.

Ein Nebenwerk hätte »Pariser Leben« auch durch die im chronologischen Werkverzeichnis Offenbachs benachbarten

Titel werden müssen: »Les Bergers«, drei Akte voller musikalischen Schäferspiels von der Antike bis zu Offenbachs Gegenwart, uraufgeführt am 11. Dezember 1866 in den Bouffes parisiens, waren kein Erfolg, weil Offenbach hier offensichtlich zu sehr in die Nähe der Opéra comique (so auch der Untertitel) zielte. Am 5. Februar 1866 brachte im Théâtre des Variétés die Opéra bouffe »Barbe-Bleue« (»Ritter Blaubart«) dafür einen um so größeren Erfolg. Für die Sommersaison in Bad Ems schrieb Offenbach dann den umfangreichen Einakter »La Permission de dix heures« (»Urlaub nach dem Zapfenstreich«), der freilich erst ein Jahr später uraufgeführt wurde, weil der Krieg zwischen Preußen und den Staaten des Deutschen Bundes dazwischenkam. Am 12. April 1867 folgte dann im Variétés »La Grande-Duchesse de Gérolstein«, der große Erfolg zur Pariser Weltausstellung im Sommer 1867.

Dazwischen also am 31. Oktober 1866 »La Vie parisienne«, ein Nebenwerk auch des Literaten-Zweigespanns Meilhac und Halévy, die damals als Librettisten zwar nur Offenbach belieferten, aber auch schon eigenständige Ausflüge ins reine Sprechtheater machten, von denen drei Jahre später das rührselige Sittenstück »Frou-Frou« ein großer Erfolg wurde.* Aber auch in anderem Sinne war »Pariser Leben« für Meilhac und Halévy ein Nebenwerk: Meilhac fand seine Existenz als immer verliebter Boulevardier wichtiger als seine Dichtertätigkeit, und Halévy träumte damals noch immer von einer politischen Karriere...

Schwerer wird es sein, darzulegen, warum »Pariser Leben« ein Meisterwerk, gar das zentrale Werk Offenbachs ist. Seine zentrale Stellung in Offenbachs Œuvre ließe sich natürlich – gar

---

* Ihr an Weihnachten 1864 im Palais-Royal uraufgeführter Einakter »Le Photographe« hat – entgegen immer wieder auftauchenden Behauptungen – nichts mit »La Vie Parisienne« zu tun, außer daß zwei Figuren Raoul de Gardefeu und Metella heißen.

nicht einmal so oberflächlich – dadurch belegen, daß es ziemlich genau in der Mitte jener nur 27 Jahre steht, in denen seine über 100 Bühnenwerke entstanden (von vereinzelten Vorläufern abgesehen).

Aber wozu auch beweisen wollen, was alle Welt weiß? Gibt es nicht eine ganze Reihe von Büchern und Aufsätzen, die »Pariser Leben« in seiner Bedeutung analysieren und würdigen?

Hat nicht etwa ein Sacheverell Sitwell, Mitglied jener geistreichen englischen Literatenfamilie, »La Vie Parisienne« als »A Tribute to Offenbach« so dichterisch geschildert, daß der Leser quasi in die Uraufführung versetzt wird und dazu noch erfährt, in welchem Maße sich das Leben im Paris Offenbachs im »Pariser Leben« Offenbachs widerspiegelt, ja dichterisch und musikalisch verklärt wird?

Gleichwohl führt uns Sitwell nicht weit, nicht weit genug. Im Grunde wird der beschriebene Gegenstand nur benützt als Vehikel für eine nostalgische Reise zurück in eine alte Zeit, die dem Verfasser verführerisch erscheint. Gewiß, welch unvergleichliches Vehikel, welch unvergleichlich gleißende Zeit! Aber ist unser Stück schon so verblaßt, daß man es als Schatten beschwören muß, freilich auch kann?

Statt der Schattenbeschwörung behauptete ein Karl Kraus eine »Offenbach-Renaissance«, und dies ausdrücklich im Zusammenhang mit seiner ersten Lesung von »Pariser Leben« am 9. März 1927. (Später – auch im Zusammenhang mit »Pariser Leben« – bestand er darauf, kein unappetitlicher »Ausgräber« von Leichen, sondern ein Wiederbeleber zu sein.)

»Was ginge mich, der zwischen Shakespeare, der Pandora und den eigenen Schrullen einer Sprachlehre die unzugänglichsten Geistesgüter verwaltet, ein noch so brillant musiziertes Pariser Lebemannsabenteuer an? Alles mögliche schon den Nachbildner gegebener oder gewesener Welten, wenn es *bloß* die gültige Gestalt eines Stücks Freudenwelt, eines Beispiels verflossener Anmut wäre.« Ich habe vom Krausschen Zitat mit Unterstreichung Gebrauch gemacht, aber nicht um zu denunzieren, sondern weil ich mit diesem vom Konjunktiv beleuchteten »bloß« zutiefst einverstanden bin. »Pariser Leben« ist tatsächlich die gültige Gestalt eines Stücks Freudenwelt, Beispiel verflossener Anmut, und wieviel ist das bereits. Aber es nicht »bloß« dies, es ist mehr, sehr viel mehr, bietet Perspektiven, von denen Sitwell nicht einmal träumt.

Reichen diese Perspektiven Offenbachs, wie Kraus meint, »weit über die Dauer der politischen Anzüglichkeiten hinaus, auf welche die Nichtversteher seines Wesens den größten Wert legen«? Reichen sie überhaupt soweit und in diese Richtung?

Man hat in »Pariser Leben« Dutzende von Anspielungen auf tatsächliche Pariser Verhältnisse der 1860er Jahre nachgewiesen, ob nun von der Patti oder von Thérésa gesprochen wird, ob die Szene auf der Gare de l'Ouest oder im Café Anglais spielt. Aber irgendwelche politischen Anspielungen hat noch niemand hier gefunden. Überhaupt sollte man ja kritisch sein gegenüber allen Behauptungen von »kritischen« Untertönen in Offenbachs Werk. Gewiß, er macht über vieles, auch vieles Hochgestellte, seine Späße, er nimmt nichts ernst, nicht einmal die Ironie, und darin liegt kritischer Geist, aber einen kritischen Impetus, eine Tendenz, hat sein Œuvre nicht, auch nicht vor 1870. Der bedenklich reaktionäre »Roi Carotte« ist noch unter Napoleon III. entstanden, und pro-militärisch wie sein letzter Triumph, die chauvinistische »Tochter des Tambourmajors«, war auch schon seine frühe »Dragonette«.

Und auch Meilhac oder gar Halévy lagen politische Aussagen fern, die irgend »fortschrittlich« gewesen wären. Sie sind wahrhaftig keine Anwälte der Demokratie oder gar der Revolution. Man lese nur, welchen Spott der Orléans-Anhänger Halévy in seinen Tagebüchern über das allgemeine Wahlrecht ausgegossen hat.

Es sind tatsächlich »Nichtversteher« von Offenbachs Wesen,

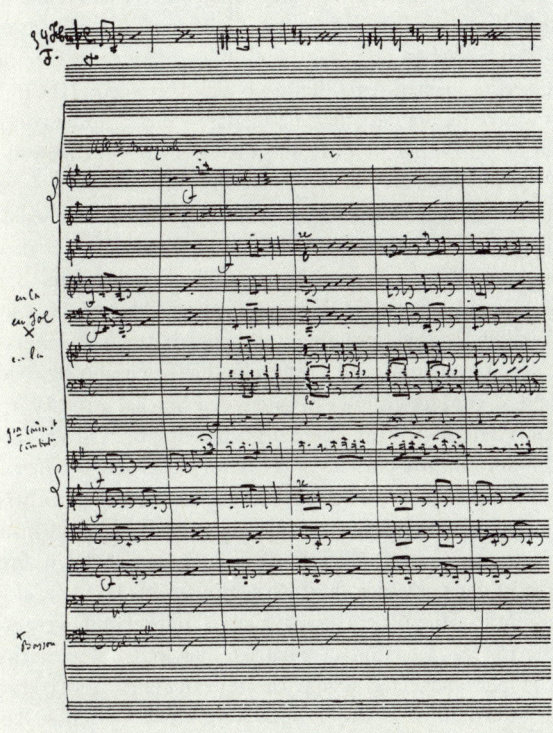

Autograph der Partitur (Couplets der Witwe des Colonels)

die ihm immer wieder politische Untertöne zuschreiben, ihm die Unterhöhlung der Herrschaft Napoleons III. anrechnen, ihn quasi als politischen Kabarettisten oder gar Lehrstückautor seiner Zeit ausgeben.

Das soll nicht heißen, daß Offenbach nicht Napoleon III. und seinen Operettenhof persifliert hätte, daß er nicht Militärs und Gendarmerie, Bettler, Bauern und aus Deutschland zugewanderte Kleinhandwerker zum Gegenstand seines Spottes gemacht hätte. Aber die wahrhaft Herrschenden seiner Zeit, diejenigen, die beim zahlenden Publikum seiner Theater den Ton angaben, die hat er nie bloßgestellt: die Bourgeois und die Presse. Die Financiers, die Herren über das Geld, und die über die öffentliche Meinung, definierten ziemlich genau den Spielraum der Anspielung und erst recht ihre Zielrichtung. Sie verlangten, vom leisen Löcken gegen den Stachel gekitzelt zu werden. Wehe aber, wenn die Kritik zu weit ging! Oder wenn der Ton und die anarchische Sprengkraft der Opéra bouffe zu plebejisch waren! Der Mißerfolg Hervés – vor der Geschichtsschreibung des Musiktheaters – beruht darauf. Während man heute Offenbach zum »Volkstheater« rechnet, ist der wahre Komponist der Vorstädte, der auch zahlreiche Lieder fürs Caféconcert und speziell für Thérésa schrieb, mittlerweile vergessen. Statt Hervé feiert man Offenbach, der an den Boulevards und im Opernviertel mit seinen Theatern zu Hause war. Hervé wurde am Boulevard du Temple vergöttert, und nur, als zeitweise »Demokratie« »in« war, fand er auch die Beachtung der feineren Kreise.

Das war etwa ab 1867, also schon in der Nähe von »La Vie Parisienne«.

»Jacques Offenbach und seine Zeit« – dieses Verhältnis wurde natürlich von Siegfried Kracauer in seiner »Gesellschaftsbiographie« »Pariser Leben« nicht so simpel gesehen, wie es die »Nichtversteher« seines und Offenbachs Werks vereinfacht

nachbeten: Offenbach als der Spiegel seiner Zeit, gleichzeitig
eine Hervorbringung seiner Zeit, wobei »seine Zeit« eigentlich
nur das zweite Kaiserreich gewesen zu sein scheint.

Aber ist das alles? Warum hat sich Offenbach – verhunzt,
gewiß, und erst recht bekämpft – bis heute halten können? Sind
die Gesellschaften Wiens, Londons, Berlins zu Offenbachs
Lebzeit ebenso operettenhaft gewesen, weil Offenbach dort
nicht minder zu Hause und gefeiert war? Und stimmt die These
von Offenbachs Niedergang nach 1871 wirklich? Gewiß, er
ging als Theaterunternehmer pleite, aber nur, weil er die
Theater-Konzession nur unter der Bedingung bekommen hatte,
mehr fremde Autoren als sich selber zu spielen. Gewiß, Lecocq
stellte ihn mit »La Fille de Madame Angot« für eine Zeit in den
Schatten, aber bis zu seinem Lebensende war Offenbach ein
umjubelter Erfolgskomponist, mit oft ruchlosen, noch immer
ruchlosen Mitteln sein Publikum ködernd.

Kracauer erklärt uns vielleicht die Zeit Napoleons III., aber
kaum je Offenbach. Als »Nachbildner gewesener Welt« ist er
unvergleichlich, selbst wenn man ihm einige Flunkereien nach-
weisen kann. Auf keinen Fall ist er so unseriös wie die in seiner
Nachfolge geschriebenen Aufsätze im Offenbach-Band der
»Musik-Konzepte«, wo aus entstellten oder falsch zitierten
Vorlagen noch falschere Schlüsse gezogen werden und Adornos
grundlegende Kritik an Kracauer gerade einmal in einer Fuß-
note erscheinen darf.

Freilich geben auch Adornos Anmerkungen nur Stichworte,
Stichworte, auf die die rechten Repliken auszubleiben scheinen. Vom Warencharakter der Musik Offenbachs zu sprechen
ist gewiß ein lohnender Ansatz, aber kann er eine umfassende
Erklärung liefern, hat diese Ware nicht tatsächlich auch Musik-
charakter? Und Adornos Kennzeichnung Offenbachs »Zur
musikalischen Zeitungsskizze hat er das musikalische Bunt-
druckverfahren hinzugefügt« klingt origineller, als sie ist.
Überhaupt: »In Offenbachs Werk den Ursprung des Kitsch zu

exhumieren« wäre Adorno entgegen seiner Verheißung nicht
gelungen, hätte er sich mit Offenbach etwas eingehender
befaßt, was er selbst in der Zeit seines sehr viel späteren
»Hoffmann«-Aufsatzes wohl noch nicht konnte.

Der sozialgeschichtliche Aspekt von Offenbachs Musik und
Offenbachs Publikum darf in keinem Falle vernachlässigt, aber
auch nicht verabsolutiert werden. Es wird heutzutage soviel
darauf herumgeritten und Binsenweisheiten werden derart
häufig wiederholt, daß wir diese klugen Erklärungen einmal
beiseite schieben und ganz naiv nach den »ewigen Werten«
Offenbachs Ausschau halten wollen.

»... es ist, mit jener Kraft der Entstofflichung, die den
Nachfahren der Operette gemangelt hat, die merkwürdigste
Zauberposse, die dem Zauberer (Offenbach) je gelungen ist.
Denn wie noch ungleich wundersamer war es, statt Götter und
Helden, statt Kartenkönige und Märchenprinzen in Menschen
ebendiese in Marionetten zu verwandeln. Hier... tritt die
Narrheit gegenwärtigsten Lebens in so verkürzte Erscheinung,
daß ein Expressionist Genie haben müßte, um zu solcher
Albernheit imstande zu sein, ... wo... das Leben beinahe so
unwahrscheinlich ist, wie es ist. Diese Raum- und Zeitverkür-
zung, diese Folgerichtigkeit im Irrationalen, diese Verwand-
lung des Lebensfaktums ins blaue Wunder konnte nur in einem
musikalischen Rausch gelingen, der wohl der hinreißendste ist,
der jemals auf einer Szene entfesselt wurde.«

Wenn Karl Kraus hier auch mit dem Stichwort »Entstofflichung«
dem ein Jahrzehnt später veröffentlichten Buch Kracauers, das
eine Verstofflichung Offenbachs betrieb, quasi im vorhinein
widersprach, so scheint er doch zum selben Resultat zu kommen, wenn er das für die Offenbach-Exegese zentrale Thema
»Rausch« anspricht. Für Kracauer – wie für so viele andere – ist
Offenbach »Spezialist für Rauschmusik«, und es ist kein
Zufall, daß er diese Formulierung im Zusammenhang mit

Zulma Bouffar (als Witwe des Colonels)

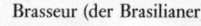
Brasseur (der Brasilianer)

Hyacinthe (Gondremarck)

Lassouche (Urbain)

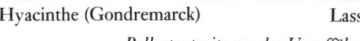
Rollenportraits aus der Uraufführung

»Pariser Leben« prägt, und daß er den Rausch interpretieren möchte: »... Geweckt wird dieser Rausch, der keinem vergangenen gleicht, durch die Geburt der Demokratie, Paris bringt ihn hervor, das große kosmopolitische Paris, in dem sich bereits die Umrisse der kommenden Gesellschaft enthüllen. Dienstboten, Handwerker, ein Lebemann und ein distinguierter Fremder – sie alle trinken sich beim Domestikenfest brüderlich zu. Da der Rausch die Wirklichkeit nicht verdrängt, sondern feiert, dient er auch nicht mehr wie in den früheren Offenbachiaden dazu, die Satire zu ersticken. Die Satire wird vielmehr durch die Sympathie berichtigt, die alle Figuren umfängt; deshalb umfängt, weil sie Mitglieder der demokratisierten Gesellschaft sind. Bobinet und Gardefeu entpuppen sich als charmante Jungens, und was Metella betrifft, Metella ist die reinste Märchenkurtisane...«

»Die höchst komplexe Widerspruchstruktur von Gesellschaftssatire und dionysischer Verherrlichung des Second Empire«, wie Kracauer-Adepten dessen Erkenntnisse zusammenfassen, hat wohl nie existiert und wird auch von Kracauer selber nicht behauptet. Nicht in dieser Stelle, wo er im »Pariser Leben« die Satire berichtigt sieht, und noch weniger in anderen grundlegenden Passagen: »Die Frivolität der Epoche... bestand nicht ohne weiteres darin, daß man die Wirklichkeit durch rauschende Vergnügungen übertönte, sie lag vielmehr nur dort vor, wo man den Ernst der Wirklichkeit spürte und sie dennoch auf die leichte Schulter nahm... Auf künstlerischem Gebiet war das reinste Produkt der Frivolität die Offenbachiade, die sich über die Gesellschaft des Zweiten Kaiserreichs lustig machte und zugleich den herrschenden Taumel zu steigern schien.« Sich lustig machen ist eben noch keine Satire, Offenbachs Sich-lustig-machen ist auch im Gesellschaftlichen (nicht nur im Bereich des Ästhetischen) Parodie. Parodie, die das Parodierte wiederholt und wiedergibt, in seiner Lächerlichkeit bloßstellt, aber gleichzeitig sein Ansehen sichert, sich dieses Ansehens versichert. Hier liegt die Doppeldeutigkeit, ja die Vieldeutigkeit der Offenbachiade begründet.

Eigentlich sind sich auch hier Kraus und Kracauer einig. Der erste preist »die unnachahmliche Doppelzüngigkeit dieser Musik, alles zugleich mit dem positiven und dem negativen Vorzeichen zu sagen, das Idyll an die Parodie, den Spott an die Lyrik zu verraten; die Fülle zu allem erbötiger, Schmerz und Lust verbindender Tonfiguren – hier (im »Pariser Leben«) erscheint diese Gabe am reichsten und reinsten entfaltet...«

Und Kracauer definiert den Ort der Operette: »Offenbach erfüllt sie mit einer Musik, die das Paradies verspricht. Auch Halévy ist dem Paradies zugewandt, wenn er der Operette den Stempel seiner Skepsis aufdrückt; aber einem Paradies, das als verloren gilt. Zwischen verlorenem und verheißenem Paradies gaukelt so die Operette dahin – eine plötzlich auftauchende, rasch verschwindende Erscheinung, die sich dem groben Zugriff entzieht. Die Republikaner, die ihre satirischen Angriffe bejubeln können, haben das Nachsehen, und die Trunkenen, denen die Rauschszenen entgegenkommen, sind nicht minder genasführt. Frivoler Doppeldeutigkeit voll, schlägt die Operette den einen wie den andern ein Schnippchen. Sie geht überhaupt nicht ganz ins gesellschaftliche Leben ein, schwingt sich vielmehr, im vergangenen und im künftigen Paradies beheimatet, ungreifbar durch die Zeit und aus der Zeit heraus...«

Mit einer Zitaten-Collage hätten wir Kraus und Kracauer eine Deutung abgerungen, für die wir uns einfacher auf die wohl knappste und treffendste Charakterisierung der Offenbachiade hätten berufen können, die Victor Klemperer zu verdanken ist. Bald nachdem er von Henri Becques »Parisienne« gesprochen hat, kommt er auf »La Vie Parisienne«. Mit gutem Recht, meint er, dürfe sich die 1875 »entstandene ›Parisienne‹ eine

Komödie nennen. Insofern nämlich, als hier niemand leidet, als jeder am Schluß mit seinem Lose zufrieden ist und auch tatsächlich in dem ihm angemessenen Zustand lebt. Aber es ist ein Zustand absoluten Schmutzes. Man könnte vermuten, es handle sich um eine Satire. Doch das trifft nicht zu, denn der Satiriker zeichnet das Schlechte, um das Bessere zu erwirken,

Brasilianer und Handschuhmacherin: Zeichnung von Cham, 1866

er hält also das Bessere für möglich, und er entrüstet sich über das Schlechte. Becque hingegen kennt weder Hoffnung noch Zorn; er konstatiert einfach mit einer eisigen Weltverachtung das Schlechte als den einzigen und unabänderlichen Weltzustand...« Von hier aus kommt Klemperer zu Meilhac und Halévy: »Die beiden Dichter – man darf ihnen den großen

Namen geben – sind keine bloßen Komiker wie Labiche. Sie sind aber genausowenig satirisch wie Henri Becque. Doch fehlt die Satire bei ihnen aus genau entgegengesetztem Grunde. Bei Becque liegt absolute Mißachtung der Welt vor, die er in ihrer Hohlheit erkennt. Bei Meilhac und Halévy ist das ebenso absolute Wohlbehagen an einer Welt gegeben, deren Hohlheit ihnen geradeso und um kein Atom weniger offenliegt als dem Pessimisten Becque. Sie haben nicht einmal jene ›Après nous le déluge‹-Stimmung, in der sich hinter scheinbarer Gewissenlosigkeit dennoch Gewissen regt. Vollkommen klarsichtig und skeptisch, dabei vollkommen unbefangen, amoralisch und heiter genießen sie die Schönheit der eitlen Welt. Die Welt, das ist für sie die Pariser Gesellschaft, das sind elegante und leichtlebige Frauen, etwas fadenscheinig in ihren Tugenden und ihren Lastern, das sind impertinente, aber nicht allzu bösartige Kokotten, das sind junge und alte Lebemänner, dumme und sehr dumme Ehemänner, das ist Erotik, die ihren Ernst verloren hat und zum frechen Gesellschaftsspiel geworden ist, das ist ein rein materialistisches Sichvergnügen, ohne Scham, aber auch ohne Plumpheit und Roheit... Und doch ist es immer noch etwas mehr... unter der Wiedergabe der Wirklichkeit steckt ein förmlich auf seine Erlösung durch die Musik lauerndes lyrisches Moment der Freude und des Rausches. Es ist keine tiefe und keine sittliche Freude, sie ist frivol und flach, aber sie ist echt und wirklich rauschartig. Und sie zwingt Offenbachs Musik herbei, und sie wird durch Offenbachs Musik beflügelt... die Musik ist der genialer vertretene Teil in dieser Mischkunst.«

Diese Bestimmung ist allen modernen Offenbach-Apologeten entgangen, weil sie sich nicht in der musikgeschichtlichen Fachliteratur findet, sondern in Klemperers »Geschichte der französischen Literatur im 19. und 20. Jahrhundert«. Und Klemperers Hinweis auf die Rolle der Musik in der Offenbachiade, der er als Literaturhistoriker ja nicht nachzugehen hatte, erinnert uns daran, daß uns die Musikhistoriker noch immer in Deutschland die musikalische Analyse schuldig geblieben sind; es sind auch kaum je Musikhistoriker, die von Offenbach sprechen, Kraus und Kracauer sind es jedenfalls nicht. Und ebensowenig ist es Volker Klotz, der in seinem »Bürgerlichen Lachtheater« die wohl treffende Behauptung aufstellte: »Wenn's eine bestimmte Operette gibt, die die(se) Grundspannung der ganzen Gattung prototypisch durchspielt, so ist es Offenbachs ›La Vie Parisienne‹.« Er belegt das sehr überzeugend, aber seine Anmerkungen musikalischer Art sind vage, ja ungenau (Metellas Brief ist ein »Rondeau«, kein Rondo; das Duett zwischen Handschuhmacherin und Schuster moduliert nicht von As- nach E-Dur usw.)

Auch die »Musik-Konzepte« in ihrem Offenbach-Band liefern nur Pseudo-Erkenntnisse. Wo hier konkret über Musik gesprochen wird, geschieht es anhand verderbter Notenbeispiele, zu denen gerade auch jene aus »Pariser Leben« gehören, wovon später noch zu sprechen sein wird.

So bleibt uns nur die Zuflucht zu einer französischen Neuerscheinung, zu David Rissins »Offenbach ou le rire en musique«, wo die großen Offenbachiaden (also auch »La Vie Parisienne«) Nummer für Nummer untersucht werden, auf ihre musikalischen Vorgänge, auf die Kompositionstechnik, aber auch auf ihre Wechselbeziehung zum Libretto.

Wir wollen dies hier freilich nicht nachvollziehen, weil unsere Ausgabe ja im Wesentlichen eine des Textes ist. Immerhin sei auf einige Punkte aufmerksam gemacht, die den deutschen Offenbach-Interpretationen bisher entgangen sind, obwohl oder weil sie auch für die deutsche Form des Werkes bedeutsam sind.

Das betrifft bereits den Eingangschor der Bahnbeamten der Ligne de l'Ouest mit ihrem Katalog der – zumeist arg provinziellen – Stationsnamen. Es hat bereits seine Possenbedeutung,

Plakat von Chéret (1873?)

daß die Gondremarcks gerade hier ankommen. Die bisherigen Übersetzungen zählten hier deutsche und europäische, also weltläufige Orte auf. Sie unterlegten damit dem Chor nicht nur eine andere dramaturgische Bedeutung, sondern beraubten ihn auch seines musikalischen Witzes, einmal der komponierten Gegenständlichkeit (ähnliches hat erst in unserem Jahrhundert wieder Milhaud versucht mit seinem »Katalog der Landmaschinen«, den »Machines agricoles« von 1919), zum anderen des zum Lachen reizenden Prinzips der Akkumulation.

Das betrifft den Auftritt des Brasilianers, der in allen deutschen Fassungen um den »irren Hedonismus dieser Musik« gebracht wird, der dadurch entsteht, daß sich in Rossinischer Manier die Silben geradezu überstürzen. In den »Musik-Konzepten« wird hier eine »Lusterzeugung« behauptet, die bewirkt werde »mit der Aufhebung aller kleineren rhythmischen und metrischen Werte, so daß der Trab der alternierenden Achtel- und Sechzehntelwerte in den ungehinderten Galopp beschleunigter Isometren einmündet: der Rhythmus des Cancan.« – Die falsche deutsche Interpretation beruht auf einer falschen deutschen Übersetzung (d. h. diesen Fehler machen alle deutschen Fassungen, die es bisher gibt). Das französische Reimschema abba wurde zu Paarreimen versimpelt (aabb) und überdies enden, wohl einer falsch verstandenen »leichten Sanglichkeit« zuliebe, die b-Zeilen nicht weiblich, also mit Doppelsilben, sondern männlich, etwa »Bin Brasilianer, hab es ja, / komm direkt aus Amerika / als Krösus wieder nach Paris, / wo ich schon ein Vermögen ließ.« Tatsächlich wird ein so skandierter Text seines Inhalts entblößt, der gleichbleibende Rhythmus läßt nur »blablabla« verstehen. Wie es gemeint ist, kann man vielleicht am besten auf der Platte mit Jean-Louis Barrault hören: die Gier nach dem »Plaisir à perte d'haleine« läßt ihn nicht nur außer Atem, sondern auch aus dem Takt kommen. Der Text teilt sich, weil gerade nicht isometrisch-tänzerisch, mit.

Im zweiten Akt verdienen vor allem die Musiken der Gabrielle besondere Aufmerksamkeit, schon deshalb, weil sie für eine echte Sängerin geschrieben sind, für Offenbachs wahrscheinliche Geliebte Zulma Bouffar. Sie war zwar von südfranzösischer Herkunft, war aber von Kind an mit elenden Wandertruppen vor allem in deutschen Landen aufgetreten. So war sie Spezialistin für ein geradebrechtes Deutsch-Französisch und hatte in der ihr von Offenbach auf den – sehr schönen – Leib geschriebenen Rolle des elsässischen Lieschen europäische Triumphe gefeiert. An diese Triumphe sollte auch mit der neuen Partie angeknüpft werden, und darum ist diese Gabrielle eine Deutsche in Paris, was keine der deutschen Übersetzungen berücksichtigt, weil es gewiß schwer ist, auf der deutschen Bühne Deutsche Fremdsprachen radebrechen zu lassen. Gabrielles Musik verrät und verspottet ihre Herkunft, und dieser Spott auf Halbfranzosen von jenseits des Rheins – auch Frick und die falschen Gäste der falschen Table d'hôte gehören zu dieser Sorte – ist schließlich ein Zug von Selbstironie Offenbachs, der nie korrekt Französisch sprach, auch dann noch nicht, als er sein Deutsch bereits weitgehend verlernt hatte.

Auch hier vertont Offenbach merkwürdige Textzeilen: Die deutschen »Table d'hôte«-Gäste singen deutsch »Wir wollen essen!« und am Ende bricht Gabrielle, die doch die Witwe eines Obersten – also wohl eines Preußenfressers – spielt, aus ihrer Rolle aus und fällt ins »Deutsche«, sprachlich und auch musikalisch: Mit ihrer Tyrolienne äußert sie sich geradeso wie Hervés »deutsches« Gretchen in seinem «Petit Faust«, z. B. im »Trio du Vaterland« und anderen Tyrolienne-Nummern. Auch der Ländler, mit dem das Duett zwischen Handschuhmacherin und Schuster beginnt, ist mehr als biedere Selbstvorstellung der Handwerkerstände. Da singt, so wollte man meinen, der schlichte Volksmund aus Jodelkehlen. Tatsächlich stellen sich deutsche Gastarbeiter mit ihrer belächelten Folklore vor, weitere Ausländer nach den Reisenden aller Zonen, die im 1. Akt die Pariser Bühne aus Richtung Schweden, Brasilien usw. her betreten hatten. Und diese hungrige Gabrielle von jenseits des Rheins erweist sich bald als die lebendigste aller Pariserinnen!

So etwas ist in einer Übersetzung eher noch einzubringen als die Anspielungen auf Zeitgenössisches, von denen gerade dieser 2. Akt voll ist: Wenn Schuster und Handschuhmacherin »les bottes, bottes, bottes« gegen »c'est le gant« (C'élegant) ausspielen, klang an, daß »Botte« der Spitzname für Napoleon III. war. Und der »Colonel dort oben« ist ein wörtliches Zitat aus einem Scribeschen Rührstück. – Daß man selbst in Frankreich dergleichen heute nicht mehr »versteht«, tut der Komik des Stücks keinen Abbruch, sie kann sich auf das stützen, was noch immer, oder was jetzt erst, lächerliche Wirklichkeit ist. Hergestellte Aktualitäten dagegen geraten viel zu leicht ins Tendenziöse oder Plumpe, sie wären besser am Platz in modernen Offenbachiaden, die uns so bitter fehlen. Zweifelhaft ist auch die Wiener Unsitte der »Zeitstrophen«, der selbst Karl Kraus ausgiebig huldigte, selbst bei der Tyrolienne. Deren Unsinn wollte er übrigens »verbessert« haben: »Mein Vater is a Schneider, A Schneider is er, Und macht er die Kleider (statt: Und wann er was schneidet), So is' mit der Scher.«

In der Musik des unvergleichlichen 3. Aktes sei nur auf zwei kleine Dinge hingewiesen, die man gemeinhin nicht hört: den ausgiebigen Gebrauch des Piano gerade im Ausbruch der Ekstase und das Duett zwischen Pauline und dem Baron. Nicht nur vom Text her erscheint es wie eine Vorahnung des Kranich-Duetts, wie ja überhaupt in diesem Phantom-Paris etwas von der Netzestadt Mahagonny vorweggenommen ist. (Francis de Croisset: »Unsere Stadt war nicht nur die Stadt des Vergnügens. Sie war die Schule des Vergnügens.«)

Von der Musik des 4. Aktes ist wenig zu sprechen, weil sie wenig bekannt ist. Das Rondeau der Baronin über ihre Erleb-

Entwurf zu einem Chanson für Devéria, die Metella von 1873

nisse in der Oper (eine der vielen Täuschungen durch Pariser Glanz: zwischen Adliger und Kokotte kann man nicht unterscheiden) kommt dem Opernfreund wie ein Zitat vor: »Je suis encore tout étourdie« findet sich aber erst später, also nach Offenbach, in Massenets »Manon« von 1884, als deren Mit-Librettist ja auch Henri Meilhac zeichnete... (Unverständlich bleibt, warum in einer neuen Fassung des »Pariser Lebens« hier eine Nummer aus einer anderen Offenbachiade eingerückt wurde.)

Dieser, dem Dialog und fast Feydeauscher Komik vorbehaltene 4. Akt wurde nämlich später von Offenbach und seinen Librettisten zusammengestrichen, die Intrige des 5. Aktes vereinfacht. Dies hängt zusammen mit der zweiten großen Pariser Inszenierung des Werks im Théâtre des Variétés. Diesmal waren die Rollen mit Sängern besetzt (den Gondremarck sang z. B. José Dupuis, der erste Paris, Blaubart, Fritz...). Es gab nicht nur Kürzungen der Dialogszenen bei der dramaturgischen Umarbeitung, sondern auch musikalische Zusätze und Änderungen: Im 1. Akt wird die Szene zwischen Metella, Gardefeu und Bobinet (»Connais pas«) in zwei Strophen abgehandelt, Gardefeu bekommt eine kleine, elegische Arie, die den Umschwung zwischen der vergangenen und der erhofften Liebe mit einem achselzuckenden »So ist das Leben« kommentiert.

An den 2. und den 3. Akt wurde nicht gerührt, der 4. fast ganz gestrichen. Ob darin das Rache-Terzett jemals komponiert war, ist zweifelhaft, es fehlt schon in den ersten Ausgaben. Im Schlußakt fiel das Mozart-Zitat mit dem Auftritt der Masken fort, dafür erhielt Metellas Rondeau ein Rezitativ vorangestellt, das 1866 unmöglich gewesen wäre, weil es fast wörtlich den Couplets des Orest über das schöne Leben reicher Jünglinge entsprach; »Die schöne Helena« war damals noch brandneu. Die Rolle der Metella sollte ursprünglich Hortense Schneider übernehmen, der sie aber immer noch nicht repräsentativ genug war, und die Devéria, für die Offenbach dann seine neuen Couplets schrieb, machte nicht viel Effekt, sie wurde bald ersetzt.

Wir haben uns bei unserer Ausgabe für die fünfaktige Originalgestalt der »Vie Parisienne« entschieden, wie unsere von Ludovic Halévy und Henri Meilhac ja ausdrücklich approbierte Vorlage aus dem Jahre 1875, ein bibliophiler Druck mit Illustrationen von P. Hadol und kolorierten Kostümentwürfen von Draner.

Diese Version ist nicht nur für Schauspieler, sondern auch für Leser die bessere, die »pièce en cinq actes« ist durch die »opéra bouffe en quatre actes« (gerade Aktzahlen fürs Musiktheater und ungerade fürs Schauspiel waren Tradition) nicht überholt; sie kann aber auch nicht als originaler oder authentischer gegen diese ausgespielt werden. Problematisch sind nur Mischformen, wie sie derzeit auf unseren Bühnen grassieren. Bei diesen gibt es aber noch problematischere Dinge, etwa die Neuinstrumentierungen. Jürgen Tamchina hat sogar zur Rechtfertigung seiner Orchestrierung für die Frankfurter Oper behauptet: »Zu keiner Zeit der Offenbachschen Operetten gibt es eine Partitur des Komponisten... Orchesterfassungen zu erstellen wurde anderen überlassen.« Das ist eine schlichte Irreführung. Offenbach hat auf seine Partituren große Sorgfalt verwandt und sie geradezu ängstlich gehütet. Auch die zu »Pariser Leben« ist erhalten wie viele andere. Sie wurde 1973 in Paris bei Ader versteigert. Nach der Beschreibung waren es 516 Seiten mit 400 Seiten Musik, alle Nummern für 1866 und zusätzlich die für 1873 enthaltend, außerdem eine zwar gesungene, aber nicht gedruckte Nummer und acht weitere, meist komplette Nummern (auf 116 Seiten), die fallengelassen wurden, also auch von Offenbach nicht instrumentiert wurden. Ich weiß nicht, wer dieses Autograph ersteigert hat. Sicher ist nur: Eine kritische Ausgabe ist nicht zu erwarten, obwohl Offenbachs Meisterwerke die gleiche Aufmerksamkeit der Musikwissenschaft verdie-

nen wie unzählige drittklassige Barockerzeugnisse, die als
»Denkmäler der Tonkunst« ediert werden.

Wenn unsere Ausgabe textlich dem (einen) Original entspricht,
so bemüht sich auch die Übersetzung um Originaltreue. Ursprünglich wollten wir auf die klassische Fassung zurückgrei-
fen, die Carl Treumann, der Freund Nestroys, immerhin unter
den Augen Offenbachs für Wien schuf. Karl Kraus hat sie

Die Mistinguett als Pauline 1911 (mit Guy)

gelobt und gegen Entstellungen verteidigt. Es sei dahingestellt,
ob sie, wie Henseler im Anschluß an Kraus meint, »das
Original stellenweise, wie im Briefcouplet, an dichterischem
Wert sogar übertrifft«. Sie trifft es oft überhaupt nicht, wie sich
herausstellte. Und alle späteren Übersetzungen, von Karl
Kraus, von Walter Felsenstein, von Hans Weigel und – soviel
ich vom bloßen Zuhören mitbekam – auch die von Bernd Wilms
sind nur Überarbeitungen des Treumannschen Textes. Niemand hat sich bisher die Mühe gemacht, auf das französische

Original zurückzugreifen oder Treumanns willkürliche Prosodie zurechtzurücken, die weder in der Silbenzahl noch in der Betonung, ja zuweilen nicht einmal im Reimschema dem entspricht, was Offenbach komponiert hat, die in den Dialogen willkürlich kürzt und ändert und die vor allem viele konkrete Aussagen abmildert oder vernebelt, um in Wien und Deutschland damals Anstößiges zu vermeiden.

Die größtmögliche inhaltliche und formale Originaltreue der neuen Übersetzung war natürlich nicht mit einer bloßen Interlinearversion zu leisten. Der neue Text erhebt über die Authentizität hinaus den Anspruch, lesbar, spielbar und und sangbar zu sein und überdies nicht ungereimt.

Wer unsere Buchausgabe sich ergänzt mit der nicht durch Striche oder Veränderungen beeinträchtigten Musik Offenbachs, wird die Proportion und das Tempo des Stücks, und das heißt: seinen Sinn erfahren. »Offenbach schreibt dem Pariser Leben den Rhythmus vor« (Walter Benjamin), einen berauschten, begeisterten, luziden Rhythmus der Ausgelassenheit, des anarchischen Überschwangs, der recht eigentlich aus der Sicherheit entsprang, die Gesetze der Politik, der Moral, der Vernunft, seien so unverletzbar, daß man sie ungestraft übertreten und dehnen könne, ja daß diese Übertretung überhaupt erst ihre Macht erweise. Dieser Übermut entsprang einem Glauben; zwar nicht dem an eine große Zukunft des Second Empire, wohl aber dem an den unaufhaltsamen Fortschritt von Technik, Wirtschaft und Gesellschaft.

Offenbach fühlt sich unparteiisch: Die Opfer seines Spotts vernichtet er nicht, seine Helden entgehen nicht der Ironie. Er ist unverbesserlich davon überzeugt, daß Plebejer und Aristokraten in denselben Tönen singen, die Rollen tauschen können. Er balanciert Übertreibungen aus, hält auch die Rauscherzeugung in »vernünftigen« Grenzen (die Ekstase des »Feu partout« im 3. Finale wird nicht einmal ganz wiederholt, nach 28 Takten beginnt schon die gleichfalls kurze Stretta; innerhalb des Stücks wird das Thema sonst nur zweimal verwendet. Allerdings ist der letzte Refrain vom »Pariser Leben« melodisch nah verwandt). Offenbach glaubt eben an das Maß, an die Mitte, die Vernunft, den Liberalismus. Und das heißt, er glaubt an sein Publikum, dem er mit allem dient, was es wünscht: mit raffinierten Anspielungen und leicht erkennbarer Charakterisierung, mit eingängigen Melodien, berauschender Rhythmik,

Céline Montaland (als Baronin)

und vor allem mit jenem Parfüm der Hautevolée, das den Konsumenten zum Teilhaber an den höheren Weihen des Zeitgenossentums zu salben scheint. Umgekehrt zieht Offenbach seine Existenzberechtigung als Maître de plaisir seiner Zeit aus seinem Erfolg, der sich eben an der öffentlichen Meinung und noch besser an der Theater- und Verlagskasse messen läßt. Darum stand er natürlich auf der Seite derer, die die höchsten Eintrittspreise zahlten.

Für diesen munteren Austausch von Vergnügen in Bargeld war die Niederlage gegen Preußen 1870 ein nicht vorhergesehener Zwischenfall. In den Grundfesten wurde diese schöne Welt vollends durch den Schock der Commune von 1871 erschüttert. Die Gesellschaft veränderte sich, ihr Bewußtsein veränderte sich, die Operette mußte sich anpassen, mit Ausstattungsstük- ken (Féerien) oder Spielopern. Das konnte Offenbach zwar genausogut und durchaus so erfolgreich wie seine Konkurren- ten Lecocq, Audran oder Strauß, aber ihm war der doppelte Boden unter den Füßen hinweggezogen. Harmlos konnte er zwar komponieren, aber Harmlosigkeit war seine Stärke nicht. Erst in den postum uraufgeführten »Contes d'Hoffmann« gelingt es ihm, die groteske Unwirklichkeit einer Gesellschaft von Besitzern darzustellen, in der die Liebe – und um ein Haar die Kunst – zur Ware werden muß. »Hoffmanns Erzählungen« bildet das pessimistische Gegenstück zum »Pariser Leben«, auch hier ist Rausch der auslösende Faktor, nehmen die Dinge ein fetischistisches Eigenleben an (statt des Eisenbahnfahr- plans, der Stiefel, Handschuhe, Röcke nun Brillen, Diaman- ten, Bilder, Spiegel), nur ist die Lebens- durch eine Todeslust ersetzt, Erinnerung mahnt an Verlust, Ent-Täuschung bedroht die Existenz. Im »Pariser Leben« herrscht jener blinde Opti- mismus, von dem heutige Bühnen-Interpreten – wie klug im Nachhinein, aber auch wie sauertöpfisch! – am liebsten nur die historische Blindheit inszenieren, als ob es sich um einen verzweifelten Tanz auf dem Vulkan handelte.

»Pariser Leben« beruht vielleicht auf sozialem Irrtum, enthält aber keine Betäubung, keine Selbsttäuschung, es bleibt ein Tanz der Zweifelnden über Abgründe hinweg. »War's Liebe? Nein. Doch mir war's gleichviel wert...« Es ist ein Lehrstück über die Condition humaine, wie es zuvor nur Mozarts »Così fan tutte« war, freilich eines der bürgerlichen Zeit: Auch die gekaufte Liebe, der bezahlte Rausch kann unser Glücksverlan- gen stillen, wenn wir nur gute Miene dazu machen und das nötige Kleingeld haben. Wohin das führt, zeigte erst der »Fall der Stadt Mahagonny«.

Das Thema vom Glück, dem wir nachjagen, ist wohl das Grundthema aller Kunst, und besonders der Operette, und darum ist »Pariser Leben« nicht nur ein Meisterwerk Offenbachs, sondern eines der großen Werke des europäischen Musiktheaters...

Bibliographie

Zum Text

La Vie Parisienne. Pièce en cinq actes par MM. Henri Meilhac et Ludovic
Halévy. Edition illustrée de costumes colorés, dessinés par Draner, de
vignettes de P. Hadol, – ... Paris 1875.
J. Offenbach, Pariser Leben (La Vie Parisienne). Buffo-Oper in
5 Akten. Fz./dt. (Carl Treumann) Klavierauszug. Bote & Bock o. J.
(Pl. Nr. 15516)
Bühnenmanuskript der Treumann-Übersetzung. Bote & Bock.

Zur Dokumentation

Ludovic Halévy, Carnets. Publiés... par Daniel Halévy. I 1862–1869.
Paris (Calmann-Lévy) 1935.
Ludwig Kalisch, Paris und London. Frankfurt 1851.
–, Pariser Leben. Mainz 1880.
Bertall, La Vie hors de chez-soi (Comédie de notre temps) ... Etudes au
crayon et à la plume. Paris (Plon) 1876.
(Unsere Dokumentation beschränkt sich bewußt auf bisher zu wenig
berücksichtigtes Material: die freilich kargen Originalquellen zur Ent-
stehungsgeschichte sowie auf Texte aus dem engsten Kreis um Offen-
bach.)

Zum Nachwort

André Martinet, Offenbach. Sa vie et son œuvre. Paris, 1887.
Louis Schneider, Offenbach. Paris 1923.
Karl Kraus, »Offenbach-Renaissance« (Zum Vortrag von »Pariser
Leben«). Fackel 757–758 (April 1927), S. 38 ff.
–, Zu »Pariser Leben«. Ebd. 759–765, S. 30 ff.
–, Die Schändung von »Pariser Leben«. Ebd. 827–833 (Februar 1930),
S. 53 ff.
Francis de Croisset, La Vie Parisienne au théâtre. Paris (Grasset) 1929.

Anton Henseler, Jakob Offenbach. Berlin (Max Hesse) 1930.

Sacheverell Sitwell, La Vie Parisienne. A Tribute to Offenbach. London (Faber & Faber) 1937.

Siegfried Kracauer, Pariser Leben. Jacques Offenbach und seine Zeit. Eine Gesellschaftsbiographie. Amsterdam 1937.

Theodor W. Adorno, Rezension hierzu in: Zeitschrift für Sozialforschung, Jg. 6, Nr. 3, 1937, S. 697f.

Victor Klemperer, Geschichte der französischen Literatur im 19. und 20. Jahrhundert. I. Berlin (DDR) 1956, S. 349ff.

Le siècle d'Offenbach. Cahiers de la Compagnie Madeleine Renaud, Jean-Louis Barrault, 24. Julliard 1958.

Volker Klotz, Bürgerliches Lachtheater. Komödie · Posse · Schwank · Operette. München 1980. (Auch in: Werk und Wiedergabe. Musiktheater exemplarisch betrachtet. Thurnauer Schriften zum Musiktheater, 5. Bayreuth o. J.)

Musik-Konzepte. Heft 13 Jacques Offenbach. Mai 1980.

Josef Heinzelmann, Offenbach-Irrtümer. In: Österreichische Musikzeitschrift 7–8, 1980, S. 356ff.

David Rissin, Offenbach ou le rire en musique. Paris (Fayard) 1980, vor allem S. 169ff.

Diverse Programmhefte, u. a. Théâtre Mogador (1931), Städtische Bühnen Frankfurt, Oper (1978).

Diskographie

Musiknummern aus der Aufführung der Compagnie Madeleine Renaud, Jean-Louis Barrault (Dirigent André Girard). bel air Collection Paris 7005.

Musiknummern (mit Michel Roux, Lina Dachary, Liliane Berton, Nadine Renaux, Willy Clément, Michel Hamel, Deva Dassy. Orchestre de l'Association des Concert Lamoureux, Jules Gressier). Pathé-Marconi (EMI) C 051–10851.

Gesamtaufnahme mit Régine Crespin, Mady Mesplé, Luis Masson, Michel Sénéchal, Michel Trempont, Jean-Christophe Benoit, Elaine Lubin u. a. Chor und Orchester des Capitole, Toulouse, Michel Plasson) EMI SLS 5076.

Wir danken für vielfältige Hilfe, insbesondere bei der Überlassung von Vorlagen zu Illustrationen, dem Historischen Archiv der Stadt Köln und der Leiterin der dortigen Offenbach-Sammlung, Frau Dr. Gertrud Wegener.

Inhalt

Insel taschenbücher
Alphabetisches Verzeichnis